O Contrato de *Cash Pooling*

O Contrato de *Cash Pooling*

2023

José Eduardo Oliveira

ALMEDINA

O CONTRATO DE *CASH POOLING*

AUTOR

José Eduardo Oliveira

EDITOR

EDIÇÕES ALMEDINA, S.A.

Avenida Emídio Navarro, 81, 3D

3000-151 Coimbra

Tel.: 239 851 904 · Fax: 239 851 901

www.almedina.net · editora@almedina.net

DESIGN DE CAPA

FBA.

PRÉ-IMPRESSÃO

EDIÇÕES ALMEDINA, S.A.

IMPRESSÃO E ACABAMENTO

Janeiro, 2023

DEPÓSITO LEGAL

ALMEDINA | GRUPOALMEDINA

Biblioteca Nacional de Portugal – Catalogação na Publicação

OLIVEIRA, José Eduardo

O contrato de cash pooling
ISBN 978-989-40-0998-6

CDU 347

Aos meus Pais

PREFÁCIO

A dissertação que agora se publica foi apresentada no Mestrado em Direito da Faculdade de Direito do Porto, sob minha orientação, tendo obtido a nota de 18 valores.

O tema abordado reveste um elevado interesse prático e dogmático. De facto, o *cash pooling* é uma figura de uso corrente na atividade dos grupos de sociedades como forma de gerir de forma integrada a tesouraria das sociedades do grupo. Reveste diversas modalidades e tem uma elevada complexidade.

A obra que se apresenta consiste no primeiro estudo com profundidade desta figura em Portugal. O mérito de tratar de um estudo pioneiro é ampliado pela forma interdisciplinar como o Autor abordou a matéria objeto de análise. Podia ter-se limitado a caracterizar a figura, expor de forma competente as suas modalidades, e os interesses económicos que se visam alcançar, desenvolvendo depois um dos seus núcleos problemáticos. Porém, o autor adota uma abordagem mais ambiciosa, que, partindo da qualificação contratual do *cash pooling*, avalia depois a sua amissibilidade e recorta a respetiva disciplina nos âmbitos societário e insolvencial. O que permite compor de forma global a disciplina da figura, enriquecendo muito o trabalho e a sua utilidade.

É uma análise de grande exigência técnica, porque exige que, depois de se caracterizar corretamente esta criação da prática comercial, se domine com segurança os sistemas contratuais, societários e insolvenciais.

O teste foi passado com sucesso, e elevado mérito.

A obra que se publica aborda de forma rigorosa e segura, nas suas diversas facetas, de forma multidisciplinar, o *cash pooling*, figura essencial da vida empresarial.

Miguel Pestana de Vasconcelos
Juiz Conselheiro do Tribunal de Contas
Professor Catedrático da Faculdade de Direito da Universidade do Porto

APRESENTAÇÃO

O texto que se apresenta corresponde, com singelas alterações, à Dissertação de Mestrado apresentada na Faculdade de Direito da Universidade do Porto em 15 de setembro de 2021 e discutida em provas públicas de 26 de novembro de 2021.

O júri foi constituído pelo Senhor Professor Doutor Paulo de Tarso Domingues, Diretor da Faculdade de Direito da Universidade do Porto, pelo Senhor Professor Doutor Miguel Pestana de Vasconcelos, que orientou o estudo, sendo a arguição desempenhada pela Senhora Professora Doutora Mariana Fontes da Costa.

Esta Dissertação, sendo um trabalho assinado por apenas uma pessoa contou, desde a sua forma mais primitiva, com o apoio de várias pessoas, que aqui me cumpre destacar.

Ao Senhor Professor Doutor Miguel Pestana de Vasconcelos, que desde o início da fase letiva do mestrado em Ciências Jurídico-Civilísticas na Faculdade de Direito da Universidade do Porto se mostrou disponível para a orientação deste trabalho, apresentando imprescindíveis contribuições e os necessários reparos para a sua conclusão.

À Senhora Professora Doutora Mariana Fontes da Costa, a quem, além de ter desempenhado o importante papel na minha formação no domínio privatístico, tendo sido seu aluno de Teoria Geral do Direito Civil, coube desempenhar o papel de arguente na defesa pública deste estudo e seguiu muito interessadamente o seu processo de revisão.

À Faculdade de Direito da Universidade do Porto, na pessoa do seu Diretor, à Biblioteca Professor Doutor Jorge Ribeiro de Faria, ao seu pessoal docente e não docente, onde tive a honra de iniciar e prosseguir os meus estudos superiores.

Ao Dr. Paulo Câmara e à Sérvulo & Associados que desempenham um papel fundamental no meu desenvolvimento profissional e académico, pelo apoio contínuo na revisão deste trabalho, continuada motivação na sua publicação, bem como pelo acesso a um amplíssimo acervo bibliográfico.

Mas, principalmente:

– Aos meus pais, a quem dedico este estudo, e restante família, a quem devo a minha educação e os valores que me transmitiram.

– À Maria João, pelo apoio, nesta, e em todas as fases.

– Aos amigos de sempre, pelo acompanhamento interessado que sempre demonstram.

SUMÁRIO

O presente estudo visa contribuir para o enquadramento, no espaço jurídico português, do contrato de *cash pooling*, enquanto modalidade de gestão centralizada de tesouraria efetuada no âmbito dos grupos de sociedades. O trabalho divide-se em dois núcleos, sendo o primeiro destinado à compreensão das características e dos elementos que constituem o contrato. Por sua vez, o segundo núcleo visa definir as consequências jurídicas decorrentes dos fluxos financeiros executados ao abrigo do contrato sob as perspetivas do Direito Societário e Insolvencial.

Palavras-chave: *Cash Pooling*; Contratos; Grupos de Sociedades; Finanças Societárias; Garantias intragrupo; Insolvência.

ABSTRACT

This study aims to contribute to the framework, in the Portuguese legal background, of cash pooling agreements, as a form of centralized treasury management carried out within the scope of corporate groups. The work is divided into two cores, the first being aimed at understanding the characteristics and elements that constitute the contract. In its turn, the second core aims at defining the legal consequences arising from the financial flows executed under the contract from the perspectives of Corporate and Insolvency Law.

Keywords: *Cash Pooling*; Contracts; Corporate Groups; Corporate Finance; Intra group Guarantees; Insolvency.

ÍNDICE

ABREVIATURAS

A./AA.	Autor/Autores
AG	Aktiengesellschaft
AktG	Aktiengesetz
AT	Autoridade Tributária e Aduaneira
BCE/ECB	Banco Central Europeu/European Central Bank
BdP	Banco de Portugal
BGH	Bundesgerichtshofs
CAAD	Centro de Arbitragem Administrativa
CAB	Anteprojeto para o Código da Atividade Bancária
CC	Código Civil Português
CCom	Código Comercial Português
CEE	Comunidade Económica Europeia
Cfr.	Confronte
Cit.	Citado(a)
CPEREF	Código dos Processos Especiais de Recuperação da Empresa e de Falência
CRP	Constituição da República Portuguesa
CSC	Código das Sociedades Comerciais
CVM	Código dos Valores Mobiliários
GmbH	Gesellschaft mit beschränkter Haftung

GmbHG	Gesetz betreffend die Gesellschaften mit beschränkter Haftung
I.e.	Isto é
InsO	Insolvenzordnung
MoMiG	Gesetz zur Modernisierung des GmbH--Rechts und zur Bekämpfung von Missbräuchen
Op. Cit.	Obra citada
P./pp.	Página/Páginas
PER	Processo Especial de Revitalização
PEVE	Processo Extraordinário de Viabilização de Empresas
RGICSF	Regime Geral das Instituições de Crédito e Sociedades Financeiras
RJCGF	Regime Jurídico dos Contratos de Garantia Financeira
SA	Sociedade Anónima
SIREVE	Sistema de Recuperação de Empresas por Via Extrajudicial
SNC	Sistema de Normalização Contabilística
Ss.	Seguintes
STJ	Supremo Tribunal de Justiça
TRC	Tribunal da Relação de Coimbra
TRE	Tribunal da Relação de Évora
TRL	Tribunal da Relação de Lisboa
UE	União Europeia
Vol.	Volume

1. Introdução. O *cash pooling* enquanto mecanismo de financiamento de sociedades comerciais submetidas a um governo económico unitário

A complexificação das estruturas societárias acarreta a complexificação das operações de financiamento[1] dos grupos de sociedades[2]. É usual, nas

[1] Que consubstanciam atos pontuais das sociedades. São acessórios ou auxiliares da atividade da sociedade ou que permitam a sua instalação no mercado e que se contrapõem aos atos "constantes, regulares ou periódicos". Assim, Paulo Olavo Cunha, *Direito das Sociedades Comerciais*, 7.ª edição, Coimbra, Almedina, 2019, p. 985

[2] Adotaremos a noção de grupos de sociedades estrita que corresponde a "um conjunto mais ou menos vasto de sociedades comerciais, conservando embora formalmente a sua própria autonomia jurídica (...), é subordinado a uma direção económica unitária exercida por outra sociedade, de acordo com a estratégia e o interesse comum do

relações internas nos grupos de sociedades, a implementação de mecanismos que, aproveitando a circunstância da proliferação de pessoas jurídicas no comércio, centralizem a gestão de tesouraria do grupo económico numa só realidade. Entre as diversas modalidades de gestão centralizada de tesouraria existentes no domínio dos grupos, designadas de *cash-management*, decidimos estudar o *cash pool* ou *cash pooling*.

São diversas as formas de financiamento das sociedades que integram um determinado grupo. Esse financiamento pode ser externo ou interno, consoante seja realizado, no primeiro caso, pelo recurso a entidades estranhas ao grupo (*maxime* as instituições de crédito, ou bancárias) ou por entidades integrantes do grupo (*maxime*, os sócios)[3]. Na base desta

todo" em José A. Engrácia Antunes, *Os Grupos de Sociedades, Estrutura e organização jurídica da empresa plurissocietária*, 2.ª edição, Revista e atualizada, Coimbra, Almedina, 2002, p. 42 ou "pela existência de (...) direção unitária de duas ou mais sociedades, que conservam a sua perspetiva jurídica autónoma e as respetivas estruturas organizativas", conforme Ana Perestrelo de Oliveira, *Manual de Grupos de Sociedades*, Coimbra, Almedina, 2017, p. 14 e que não se reconduz, necessariamente, ao conceito sociedades coligadas tal como previstas nos artigos 481.º e ss. CSC. Mais recentemente, José A. Engrácia Antunes, "The Management and Supervision of Corporate Groups", em Festschrift für Theodor Baums zum siebzigsten Geburtstag, Mohr Siebeck, 2017, pp. 80 e ss.

[3] Assim, Paulo Olavo Cunha, "Os empréstimos intragrupo no contexto da insolvência; em especial o *cash pooling*", III Congresso de Direito da Insolvência, Coimbra, Almedina, 2015, p. 349.

distinção[4] encontram-se as modalidades básicas do financiamento societário: o financiamento através de capitais alheios (*debt finance*) e o financiamento através de capitais próprios (*equity finance*), ainda que as duas modalidades possam entrecruzar-se, na medida em que os sócios podem financiar a sociedade através, também, de capital alheio ou dívida.

O financiamento do grupo pode ainda ser feito pontualmente, através de empréstimos diretos ou garantias concedidas por entidades alheias ou não ao grupo, ou em permanência com base em contas correntes bancárias detidas pelas sociedades que integram o grupo e pelos saldos (positivos) dessas contas que fluem para as contas deficitárias, assegurando

[4] A que corresponde a *summa divisio* no financiamento societário aludida por Paulo de Tarso Domingues, *O financiamento societário pelos sócios (e o seu reverso)*, Coimbra, Almedina, 2021, pp. 18 e ss. A propósito, ver também, Ana Perestrelo de Oliveira, *Manual de Corporate Finance*, Coimbra, Almedina, 2015, p. 12. À escolha da forma de financiamento de um determinado ente empresarial entre financiamento através de capitais próprios ou de capitais alheios chamamos de *decisão da estrutura de capital*. Assim, Richard A. Brealey, Stewart C. Myers, Franklin Allen, *Principles of corporate finance*, New York, McGraw-Hill Irwin. 10.ª edição, 2011, p. 4. Como veremos, a nossa análise escapará ao financiamento societário através de capitais próprios. O capital próprio, ou situação ou património líquido, é definido na Estrutura Concetual SNC como o "resíduo" representado pelos fundos contribuídos pelos acionistas, os resultados retidos e as reservas (cfr. § 64) e é dependente da mensuração dos ativos e dos passivos (§ 66), resultando da sua diferença.

que o grupo só recorre ao crédito externo quando tal for necessário[5].

Como salienta Ana Perestrelo de Oliveira[6], no contexto do grupo, as empresas (*rectius*, as sociedades) não procuram, tipicamente, financiamento independente, antes dependem de adiantamentos financeiros de sociedades integrantes daquele ou de garantias por ele prestadas. Origina-se, deste modo, um fenómeno de internalização do mercado de capitais pelo grupo, apontado como uma das maiores razões para o crescimento dos grupos, em especial multinacionais.

O *cash pool* ou *cash pooling*[7] é um sistema de gestão centralizada de tesouraria no âmbito das relações intragrupo das sociedades comerciais (sendo, nesse sentido, realidade de um conjunto amplíssimo de práticas de *cash* ou *treasury management*[8]) e consiste na consolidação de saldos credores e saldos devedores das diversas sociedades num saldo único junto de

[5] Assim, Paulo Olavo Cunha, "Os empréstimos intragrupo..." *op. cit.*, p. 349.

[6] Cfr. Ana Perestrelo de Oliveira, *Manual de Grupos...*, *op. cit.*, pp. 16 e 173.

[7] Ou contrato de gestão financeira integrada, ou ainda acordo de compensação financeira interempresarial. V. Paulo Olavo Cunha, "Os empréstimos intragrupo...", *op. cit.*, pp. 350 e 355. Por na vida prática ser *Cash Pool* ou *Cash Pooling* a expressão mais utilizada, ficamo--nos pelo anglicismo.

[8] Por todos cfr. Herbert Schimansky, Hermann-Josef Bunte e Hans- Jürgen Lwowski, *Bankrechts Handbuch*, Volume II, 3.ª edição, Verlag C.H Beck, 2007, § 90, 230, pp. 686 e 687.

determinada instituição de crédito[9]. Uma sociedade do grupo (dita de *pooler*), usualmente uma *holding*[10] ou uma sociedade financeira, encarrega-se da gestão da liquidez e pagamento das necessidades financeiras do grupo[11-12] através da centralização das disponibilidades líquidas, geralmente registadas em caixa, das entidades do grupo isoladamente consideradas. Os intervenientes do *cash pooling* são designados por *pool leader* ou *pooler* (entidade centralizadora), detentora de uma conta maestra, por um lado, e *pool participants* ou subordinadas, detentoras das contas subordinadas ou satélites, por outro.

Como salienta Paulo Olavo Cunha[13], a ideia é a de que as disponibilidades (de caixa) líquidas de um grupo no seu todo e das suas diversas sociedades participantes individualmente possam ser geridas de forma integrada permitindo ao grupo beneficiar do

[9] Assim também, Ana Perestrelo de Oliveira, *Manual de Grupos...*, *op. cit.*, p. 173.

[10] Simona Colombi, *La holding e il gruppo di imprese*, Maggioli Editore, 3.ª edição, 2008, p. 246.

[11] Por uma razão de pragmatismo, cuidamos apenas do tratamento da figura no âmbito das sociedades de capitais, tomando como referência a SA. *Vide* Paulo Olavo Cunha, "Os empréstimos intragrupo...", *op. cit.*, p. 348, assinalando que em relação às Sociedades por Quotas, a sua só aparente responsabilidade limitada inclina o respetivo regime para o modelo das sociedades de pessoas.

[12] Ruggeri Luca, "Brevi note circa il cash pooling", La nuova giurisprudenza civile commentata, Padova, p. 206.

[13] Paulo Olavo Cunha, "Os empréstimos intragrupo...", *op. cit.*, p. 352.

saldo médio das diversas contas bancárias das suas sociedades.

Sendo que o financiamento das sociedades comerciais corresponde a uma atividade de decisão do suporte de investimentos tendo em conta, fundamentalmente, o custo do dinheiro[14], o *cash pooling* surge como um instrumento de otimização de gestão de liquidez no seio do grupo, permitindo a redução da dependência da concessão (externa) de crédito, reduzindo os custos a esta associados, potenciando o aumento da margem da criação de rendimento, constituindo um instrumento que, entrecruzando *equity* e *debt finance*, permite melhor compreender as finanças societárias[15]. Mais, e como refere Mónica Fuentes, o *cash pooling* constitui em si uma expressão privilegiada (um *plus*), do exercício da direção unitária de um grupo na sua vertente de política financeira[16].

[14] Assim, Maria Amélia Barradas Carlos, "O factor fiscal e a escolha do modelo de financiamento das sociedades", Revista de Direito das Sociedades, Número 1/2, Ano II (2010), p. 105.

[15] Numa outra classificação, os financiamentos obtidos através da implementação de um sistema de *cash pooling* denominar-se-ão de "crédito comum" (ou *corporate*) por oposição a crédito de projeto (ou *project finance*) e a crédito de escopo, visto não estarem acometidos ao financiamento de determinado projeto ou a determinada finalidade. Sobre a distinção *vide*, Januário da Costa Gomes, *Contratos Comerciais*, Reimpressão, Coimbra, Almedina, 2013, pp., 285 e 286 e Oliveira, Ana Perestrelo de, *Manual de Corporate ...*, *op. cit.*, p. 193..

[16] Mónica Fuentes Naharro, "El Contrato de «Cash Pooling»", Revista de Derecho Mercantil 291, Enero-Marzo 2014, p. 238.

1.1. Modalidades

É usual distinguirem-se duas modalidades de implementação de um *cash pooling*, sem prejuízo da existência de sistemas híbridos[17].

Temos, por um lado, o *notional* ou *virtual cash pooling* (*cash pooling* teórico ou virtual). Neste não se produz uma transferência material de fundos das contas periféricas (ou subordinadas) cujo saldo seja positivo, mas produz-se um mero acerto ou consolidação de contas intragrupo (com recurso a técnicas contabilísticas), normalmente acompanhadas de garantias na cobertura de desfasamentos, se existentes[18]. A soma das contas será representada por um saldo global representativo da posição consolidada do grupo apresentado numa única "conta virtual"[19] ou

[17] Assim, ORLANDO GUINÉ, em JORGE MANUEL COUTINHO DE ABREU (COORDENAÇÃO), anotação ao artigo 503.º *Código das Sociedades Comerciais em Comentário*, Volume VII, Coimbra, Almedina, 2014, p. 291.

[18] A doutrina é unânime na descrição das referidas modalidades, na medida em que se descreve um fenómeno oriundo da prática contratual. Veja-se, MÓNICA FUENTES NAHARRO, "El Contrato de «Cash Pooling»", Revista de Derecho Mercantil 291, Enero-Marzo 2014, pp. 236, PAULO OLAVO CUNHA, *op. cit.*, pp. 354, ANA PERESTRELO DE OLIVEIRA, *Manual...*, *op. cit.*, p. 174, e ss., e ainda, JOCHEN VETTER e CHRISTIAN SCHWANDTNER, "Cash Pooling Under the Revised German Private Limited Companies Act (GmbHG)", German Law Journal, GmbH – Special Issue, Volume 09, No. 09, 2008, p. 1156.

[19] Sobre este aspeto, *vide* do Regulamento (UE) 2021/379 do Banco Central Europeu, de 22 de janeiro de 2021 relativo às rubricas do balanço das instituições de crédito e do setor das instituições financeiras monetárias cujo ponto 20) do artigo 2.º define "Tesouraria centraliza-

"shadow account" (que, verdadeiramente, não existe). Nesta modalidade, assiste-se somente à transferência de vantagens económicas entre as sociedades do grupo. As entidades que apresentam saldos credores positivos "cedem" juros àquelas que apresentam saldos devedores ou negativos, uma vez que o banco corrige os juros em função do saldo bancário global[20].

Por outro lado, existe o sistema do *zero balance system*, *zero assets* ou *cash concentration* (*cash pooling* prático ou real), que comporta uma efetiva transferência de fundos excedentes de cada uma das contas subordinadas para a conta centralizadora[21]. Esta modalidade consistirá na "liquidação" dos saldos apresentados

da virtual" (*notional cash pooling*) como mecanismo de centralização da tesouraria facultado por uma (ou mais) IFM a um grupo de entidades (participantes na tesouraria centralizada), em que os juros a pagar ou a receber pela Instituição Financeira Monetária são calculados com base na posição líquida "virtual" de todas as contas agregadas e em que cada participante na tesouraria centralizada (a) mantém uma conta separada, e pode efetuar descobertos garantidos por depósitos de outros participantes na tesouraria centralizada virtual, sem que haja transferência de fundos entre contas. Sobre este aspeto, também a Orientação (UE) 2018/877 do Banco Central Europeu, de 1 de junho de 2018, que altera a Orientação BCE/2014/15 relativa às estatísticas monetárias e financeiras e a Instrução n.º 14/2021 do BdP.

[20] Ana Perestrelo de Oliveira, *Manual de Grupo..., op. cit.*, p. 175, parecendo também sugerir Jochen Vetter e Christian Schwandtner, *op. cit.*, p. 1156.

[21] Por isso também categorizado como "hard" *cash pooling* por Jochen Herbst, "Management Buy-Out, Cash Pooling, Up-Stream Loans and Guarantees in German Group Companies: Old Concepts – New Developments", German Law Journal, Volume 05, No. 10, 2004, p. 1229.

pelas participantes em benefício da *pooler*, ora "varrendo" saldos positivos, ora suprindo os défices de tesouraria apresentados, devendo cada participante apresentar um saldo de "zero" nas respetivas contas após as transferências. Nesta modalidade, e nas palavras de MÓNICA FUENTES, a sociedade *pooler torna-se numa espécie de linha de crédito à disposição de todos os membros do grupo*[22].

Numa modalidade híbrida, o *target balancing*, permite-se que os limites sobre os quais as contas subordinadas serão "varridas" ou deverão contribuir para a posição global do grupo sejam acordados de acordo com critérios específicos, fixos (como o valor da cifra do capital social) ou variáveis (como a evolução do volume de negócios, geralmente ligados à satisfação de necessidades de fundo de maneio).

1.2. Distinções e figuras afins

O *cash pooling* é um instrumento de gestão centralizada de tesouraria, ou *cash-management*, no âmbito dos grupos de sociedades, mas não é o único.

Sendo certo que no âmbito da gestão económica do grupo surgirão deves e haveres das relações entre as sociedades integrantes do grupo, surgem, o mais das vezes, direitos compensatórios entre estas, de tal forma que apenas o resultado líquido dessas somas

[22] MÓNICA FUENTES NAHARRO, *op. cit.*, pp 237.

possa ser exigido, sendo este conhecido como o fenómeno do *netting* ou *clearing*, definido no artigo 2.º, al. k) da Diretiva 98/26/CE[23], e que poderá obedecer aos requisitos previstos nos artigos 847.º e ss. CC enquanto forma de extinção das obrigações distinta do cumprimento. Um outro fenómeno conhecido é o *matching* que incorpora num sistema de *netting* pretensões de terceiros face a entidades do grupo, respeitado que seja o artigo 851.º CC quanto à reciprocidade dos créditos.

Dando-se tão-só o caso, com o *netting* ou *matching*, de se efetuar uma compensação de créditos, a cargo, normalmente, de entidade centralizadora (como a sociedade-mãe de determinado grupo ou instituição de crédito), esta distingue-se do *cash pooling* na medida em que este visa não um acerto de contas na esfera do grupo, mas uma *gestão e alocação* centralizada de *todas* as disponibilidades líquidas do grupo. Como veremos, contudo, a implementação de um sistema de *cash pooling* exigirá a conversão de créditos e débitos em posições líquidas, ainda que não esgotando, ou preenchendo, nesse facto a razão da sua existência[24].

[23] Mónica Fuentes Naharro, *op. cit.*, pp. 238 e 239.

[24] Aliás, nem sempre a implementação destes sistemas implica a compensação de créditos, o que sucederá na maioria dos *notional cash pooling*, meramente teóricos. *Vide*, Antonio Colangelo, "The statistical classification of cash pooling activities", No. 16., ECB Statistics Paper, 2016 (in: https://www.ecb.europa.eu/pub/pdf/scpsps/ecbsp16.en.pdf), p. 14.

Ainda, o *cash pooling* quando praticado entre sociedades as quais se encontrem em relações de grupo (compreendendo, portanto, as situações de domínio total e as derivadas da celebração de contrato de grupo paritário ou de subordinação) distinguir-se-á, também, da convenção de atribuição de lucros, prevista no artigo 508.º CSC. Este regime visa contornar a importante regra segundo a qual se exige prévia deliberação sobre o destino dos lucros do exercício (*vide*, para o efeito, os artigos 217.º e 294.º CSC) cujo poder de direção da sociedade diretora (cfr. artigo 503.º CSC) não poderia evitar a situação de ser o órgão deliberativo da sociedade competente para a deliberação sobre o destino do lucro do exercício visto dirigir-se aos órgãos de administração da sociedade dominada. Como se vê, neste domínio, cuidamos apenas de tratar da gestão centralizada de tesouraria e não da atribuição de lucros distribuíveis por parte de sociedades em relações de grupo[25]. Por outro lado, esta convenção não permitiria explicar as movimentações financeiras em sentido descendente que se façam no âmbito do *cash pooling*.

Finalmente, o *cash pooling* distingue-se ainda da assistência financeira, que usa definir-se como o apoio financeiro prestado pela sociedade a um terceiro de forma a possibilitar, auxiliar ou facilitar a compra da própria sociedade (i.e., das suas participações sociais)

[25] Assim, Paulo de Tarso Domingues, *O financiamento societário...*, op. cit., pp. 507 e 508.

ou parte dela[26] e que é genericamente proibida nos termos do artigo 322.º CSC (vigorando, a respeito das sociedades coligadas, uma importante exceção ao regime, nos termos do n.º 2 do referido artigo 322.º CSC) e tem assento no nosso ordenamento jurídico pela transposição do artigo 23.º da Segunda Diretiva das Sociedades. Ainda que ambas as figuras coenvolvam a utilização de fundos da sociedade para os sócios (atuais ou futuros), o nosso objeto de estudo comportará, ainda, o seu inverso. Além do mais, o preenchimento dos requisitos da proibição da assistência financeira pressupõe a finalidade (um elemento finalístico ou ligação funcional) de aquisição das partes sociais por um terceiro com os fundos da sociedade: a mera hipótese de uma sociedade adquirir uma outra com vista ao ingresso desta no sistema de *cash pooling* e de, consecutivamente, aquela financiar a sua aquisição pelos fundos *upstream* então concedidos não configurará uma hipótese de assistência financeira inadmissível[27].

[26] *Vide*, sobre o assunto, PEDRO DE ALBUQUERQUE, *A assistência financeira nas sociedades comerciais*, Coimbra, Almedina, 2019, pp. 5 e ss., MARIANA DUARTE SILVA, "Assistência financeira – no âmbito das sociedades", in Revista de Direito das Sociedades II (2010), pp. 145 e ss. e PAULO DE TARSO DOMINGUES, "Proibição de "assistência financeira" no contexto dos mecanismos de proteção de credores", in AB Instantia, 2013, Volume I, n.º 2, pp. 53 e ss..

[27] Assim, PEDRO DE ALBUQUERQUE, *A assistência financeira nas sociedades comerciais*, *op. cit.*, pp. 88, 94, e 100.

1.3. Oportunidades e riscos do recurso ao *Cash Pooling*

Do recurso ao *cash pooling* surgem oportunidades expressivas que justificam a sua proliferação no domínio mercantil e, em particular, na gestão de liquidez do grupo.

Para estes efeitos salientamos a possibilidade de efetuar transferências de capital com elevada eficiência e frequência (o mais das vezes diariamente), a redução do pagamento de custos administrativos[28] e comissões bancárias[29] associadas à gestão conjunta das contas, assim como se evitará o endividamento externo do grupo, a exposição de riscos de (in)solvência das participantes e, consequentemente, são melhoradas as condições de aforramento. O recurso a este sistema poderá permitir também, e de uma

[28] Assim, Andreas Pentz e Achim Sollanek, *Cash-Pooling im Konzern. Ökonomische und juristische Hinweise für die Praxis*, 2005, p. 10.

[29] Enquanto fonte de proveito bancário. Em geral, as comissões bancárias corresponderão à contrapartida por um conjunto muito diverso de serviços prestados pelos bancos onde se incluem, de entre outras, as comissões pela prestação de garantias, montagem de operações, consultadoria, e, principalmente, aquelas relacionadas com os serviços de pagamento. Com a descida das taxas de juro e a redução dos spreads, o peso das comissões nos resultados bancários tem vindo constantemente a aumentar. Para mais, *vide*, Miguel Pestana de Vasconcelos, "Taxas negativas sobre saldos de contas de depósitos bancários e comissões", Revista de Direito Comercial, 2020 (in: *https://www.revistadedireitocomercial.com/taxas-negativas-sobre-saldos-de-contas-de-depositos-bancarios-e-comissoes*), pp. 179 e ss.

perspetiva do financiamento externo, o melhoramento das condições de financiamento do grupo, reduzindo o preço (i.e., o juro) dos empréstimos obtidos[30].

Não deixa, contudo, a sua utilização de trazer perigos ou desafios que, em geral, podem ser da seguinte ordem: o facto de o risco de liquidez do grupo passar a ser partilhado (substituindo a liquidez de uma sociedade integrante do grupo para uma mera *pretensão* ainda que possa ser coercivamente obtida, enquanto obrigação pecuniária), bem como a sua elevada complexidade técnica.

30 Simona Colombi, *La holding ..., op. cit.*, p. 248.

2. Características, estrutura e qualificação jurídica do *cash pooling*

Para além do interesse do tema em sede das relações económicas que se estabelecem com este sistema, entendemos que o *cash pool* pode ser estudado enquanto ato jurídico. Neste âmbito estudam-se os fundamentos jurígenos da formação do sistema, onde avulta o problema da qualificação do *pool* como um contrato[31].

Pela nossa parte, admitimos fundar-se o *cash pool* num verdadeiro negócio jurídico, que promana, *prima facie*, do exercício da liberdade contratual enquanto corolário do princípio da autonomia privada[32],

[31] Veja-se a mesma indagação em Paulo Olavo Cunha, "Os empréstimos intragrupo...", *op. cit.* 351.

[32] A abordagem da matéria é, naturalmente, extensíssima. Por todos, e no domínio comercial, *vide* José A. Engrácia Antunes, *Direito dos Contratos Comerciais*, Coimbra, Almedina, 2009, p. 54 e ss. e, também, António Menezes Cordeiro, *Manual de Direito Comercial*, 4.ª edição, Coimbra, Almedina, 2019, p. 555.

genericamente previsto no artigo 405.º CC, ao abrigo dos direitos de iniciativa privada e de propriedade privada, reconhecidos nos termos dos artigos 61.º e 62.º CRP.

Estaremos, portanto, salvo melhor opinião, perante um verdadeiro contrato. É a conclusão evidente quando tomamos em consideração o comportamento declarativo exteriormente observado das partes, atribuindo, o mais das vezes à celebração deste tipo de acordos de financiamento intragrupo, uma manifestação de vontade de produção de certos efeitos práticos sob a sanção do ordenamento jurídico[33] e sob a forma do contrato.

Quanto aos seus limites subjetivos, admitimos que o *cash pooling* apresenta uma configuração bicéfala, podendo, por conseguinte, ser analisado sob duas perspetivas: **(i)** a perspetiva interna, que envolve as relações jurídicas que se estabelecem entre as entidades integrantes do grupo e **(ii)** uma perspetiva externa, em que se estudam as relações estabelecidas entre aquelas entidades – mormente a *pooler* – e a instituição de crédito a qual permite a movimentação do capital. A definição do conteúdo do ou dos contratos nessas perspetivas serão analisadas em número autónomo seguinte.

[33] Utilizando como base as atuais palavras de Carlos Alberto da Mota Pinto, *Teoria Geral do Direito Civil*, Coimbra, Coimbra Editora, 4.ª edição, 2.ª Reimpressão, 2012, por António Pinto Monteiro e Paulo Mota Pinto p. 379.

Ora, e ainda que o mecanismo de financiamento em causa seja um instrumento envolvente dos grupos de sociedades, a movimentação de crédito é permitida por instituição a tanto habilitada[34]. Nesse sentido, sendo o contrato de *cash pooling* celebrado entre sociedades do mesmo grupo, ele não prescinde da participação de instituição de crédito, a qual poderá aderir ao seu conteúdo diretamente e junto das demais sociedades do grupo, ora vinculando-se à admissão da distribuição dos meios financeiros por instrumento autónomo.

Assim, e pese embora sejam por vezes celebrados contratos diversos que permitam a integração das referidas perspetivas internas e externas, os quais deverão considerar-se em relação de coligação ou união (o mais das vezes interna[35]), não vemos obstáculos ao tratamento unitário dos diferentes trâmites que, ao final, servem o único propósito de implementação de um sistema de tesouraria único no seio de determinado grupo.

Nestes termos, e se se proceder à celebração de um único contrato, o *cash pooling* assentará num contrato plurilateral, na medida em que existem mais do que duas declarações de vontade, e, consequentemente, mais do que duas partes, sendo, necessariamente as

[34] Assim também, Simão Mendes de Sousa, "O contrato de cash-pooling e a business judgment rule", in Revista de Direito Civil, 2019 (2), p. 384.

[35] Sobre o assunto no domínio comercial, *vide*, por todos, António Menezes Cordeiro, *Manual de Direito Comercial*, *op. cit.*, pp. 559-567.

seguintes: uma instituição de crédito, a sociedade *pooler* (o mais das vezes sociedade dominante de determinado grupo[36]) e as participantes (o mais das vezes sociedades dominadas de determinado grupo).

Inversamente, se as referidas perspetivas internas e externas forem conjugadas em instrumento autónomo, esta situação resultará na celebração de (pelo menos) dois contratos coligados, sendo um celebrado entre a instituição de crédito e a *pool leader*, sendo este um contrato bilateral, e outro entre a *pool leader* e as demais entidades participantes, sendo este, em princípio, um contrato plurilateral ou bilateral (dependendo se as entidades integrantes do grupo são duas ou mais, respetivamente).

Quanto ao seu objeto, o mesmo consistirá na consolidação periódica de saldos e respetiva alocação às necessidades financeiras (das participantes) do grupo. Nestes termos, podemos avançar que, sendo o seu objeto a gestão centralizada de tesouraria e a consolidação periódica dos saldos resultantes da movimentação das contas, tratar-se-á de um negócio de disposição, na medida em que os atos levados a cabo pela *pooler* afetam a substância e distribuição do património das subordinadas[37].

36 Assim também, Paulo Olavo Cunha, "Os empréstimos intragrupo...", *op. cit.*, p. 354 e Mónica Fuentes Naharro, *op. cit.*, p. 243.
37 Carlos Alberto da Mota Pinto, *op. cit.*, pp. 406-408.

No âmbito da sua qualificação jurídica em geral temos o contrato de *cash pooling* como um contrato legalmente atípico, mas socialmente típico[38], misto, com elementos típicos dos contratos do mandato, do mútuo, do depósito irregular, com a convenção acessória de conta corrente (que é o âmbito centralizador da gestão de liquidez)[39].

No âmbito da sua execução, as operações de financiamento levadas a cabo no âmbito do *pooling* desencadearão, ainda, a prática de atos objetivamente comerciais onde se salientam, *in limine*, as operações de banco, previstas nos artigos 362.º a 364.º CCom (sem prejuízo da prática de outros atos objetivos de comércio especificamente previstos no CCom ou

[38] Ana Perestrelo de Oliveira, *Manual de Grupos..., op. cit.*, p. 178.

[39] Alguns AA., contudo, duvidam da sua qualificação como contrato de (concessão de) crédito porquanto que os fluxos financeiros registados entre entidades corresponderiam a meras injeções de liquidez cujo fim seja a satisfação de necessidades imediatas ou transitórias não subordinados em geral a prazo de reembolso (entre outros, Alessandra Daccò *apud* Mónica Fuentes Naharro, *op. cit.*, p. 240), carecendo de *causa credendi*. Pese embora não consigamos justificar a natureza do contrato como típico (não é possível encontrar a sua causa unitária, conforme Naharro, Mónica Fuentes, *op. cit.*, p. 240), não existem dúvidas que os fluxos financeiros se destinam, ora à cobertura, ora à liquidação de saldos das contas das participantes os quais, indelevelmente, corresponderão à prática de empréstimos intragrupo, cuja afinidade com o contrato de mútuo (enquanto elemento nuclear da categoria dos contratos de crédito, Miguel Pestana de Vasconcelos, *Direito Bancário*, 3.ª edição Coimbra, Almedina, 2021, p. 166) logo demonstra a sua natureza creditícia.

mesmo por *analogia iuris*[40]). Além disso, na medida em que os atos sobre o seu âmbito praticados cumpram os requisitos do artigo 2.º, segunda parte, do CCom, estes tratar-se-ão de atos subjetivos de comércio[41], com as correspondentes consequências[42].

Estruturalmente, admitimos que o mesmo se funda num contrato-quadro, enquanto estrutura contratual abstrata, com a virtualidade de poder funcionar como moldura para *tipos* contratuais diversos, definidos de um modo prévio, integrado numa cadeia de negócios uniformizados com caráter de estabilidade[43] e com complexidade tal que pode ter a virtualidade de se articular numa operação mais ampla do que si mesma (assim, nos casos de serem celebrados mais do que um único contrato de *cash pooling*, em que cada um, sendo em si um contrato-quadro, compreende apenas parte da disciplina de uma

[40] Sobre o assunto, *vide* Jorge Manuel Coutinho de Abreu, *Curso de Direito Comercial*, Volume I., 11.ª Edição, Coimbra, Almedina, 2018, pp. 89 e ss.

[41] Cfr., por todos, Jorge Manuel Coutinho de Abreu, *Curso de Direito Comercial*, Volume I. *op. cit.*, pp. 101 e ss.

[42] De onde se evidencia o regime especial quanto às obrigações plurais, solidárias, por contraposição ao regime civil previsto genericamente no artigo 513.º CC, quanto ao regime aplicável à obrigação de juros e mesmo quanto à atribuição da qualidade de comerciante (cfr. os artigos 100.º, 102.º e 13.º, todos do CCom). Para mais, V. Jorge Manuel Coutinho de Abreu, *Curso de Direito Comercial*, Volume I., *op. cit.*, pp. 67 e ss..

[43] Assim, Maria Raquel de Almeida Graça Guimarães, *O contrato-quadro no âmbito da utilização de meios de pagamento eletrónico*, Coimbra, Coimbra Editora, 1.ª edição, 2011, p. 132.

operação maior). Neste sentido, não se trata de um mero acordo parcelar alcançado no decorrer de negociações tendentes a um contrato final[44]. Como veremos, no âmbito do contrato de *cash pooling* serão celebrados outros contratos, de execução, os quais servirão o propósito de financiamento dos intervenientes.

Quanto à forma, inexistem prescrições específicas, dado o facto de o *cash pooling* não se tratar de um contrato legalmente típico. Vigora, portanto, o princípio do consensualismo nos termos do artigo 219.º CC, reforçado pela aplicação das regras do mútuo mercantil (cfr. o artigo 396.º do CCom), que se ajusta perfeitamente ao fito da figura no quadro da regulação de relações comerciais[45]. Eventualmente, podem

[44] Assim, o contrato estabelece pela *positiva* as bases do futuro negocial comum às partes, *projetando* a cadeia negocial que irão encetar e *promovendo* esse destino partilhado. Esta consideração tem a relevante consequência de não se obrigarem as partes a contratar, não se considerando uma promessa de contratar. Por todos, *vide*, Maria Raquel de Almeida Graça Guimarães, *op. cit.*, pp. 133 e 142 e ss..

[45] Note-se que nas situações em que estejam reunidas as condições de considerarmos um *downstream loan* como contrato de suprimento (contrato típico e nominado) deve aplicar-se a regra constante do n.º 6 do artigo 243.º do CSC segundo a qual "[n]*ão depende de forma especial a validade* (...) *de negócio sobre adiantamento de fundos pelo sócio à sociedade ou de convenção de diferimento de créditos de sócios*". Trata-se de uma norma reguladora do contrato de suprimento que, tal qual o entendemos, o *cash pooling* não dependerá, necessariamente, da celebração de contratos de suprimento. Para mais sobre a matéria, *vide*, Jorge Manuel Coutinho de Abreu, *Curso de Direito Comercial*, Volume I., pp. 321. Assim o entendemos porquanto temos o contrato de suprimento como um

ser exigíveis formalidades, nos termos prescritos para o empréstimo bancário (cfr. artigo único do Decreto-Lei n.º 32 765, de 29 de abril de 1943, em todo o caso, e somente, uma formalidade *ad probationem*) e ainda para o registo das respetivas operações contabilísticas (exigíveis por virtude do artigo 3.º, n.º 1, al. a) do SNC).

Naturalmente, e nos termos gerais de atuação societária (que se estabelece por nexos de organicidade[46]), serão competentes, na perspetiva interna, para aprovar a decisão de ingresso no sistema e correspondente definição do conteúdo do contrato, os órgãos da administração de cada uma das sociedades do grupo integrantes do sistema[47].

Assim, e se no caso das SA, a respetiva competência se justificaria como residindo no Conselho de Administração ao abrigo dos artigos 405.º e 406.º

contrato típico e nominado, dirigido ao financiamento da sociedade com características de permanência. Contra: Paulo Olavo Cunha, *Direito das ..., op. cit.* p. 989 e ss., Luís Manuel Teles de Menezes Leitão, *Direito da Insolvência*, Coimbra, Almedina, 10.ª edição, 2021, p. 113 e 114, submetendo a respetiva disciplina ao do contrato de mútuo, nos termos dos artigos 1142.º e ss. CC. Referindo-se à estrutura do contrato de suprimento como um mútuo diferenciado ou de escopo, Januário da Costa Gomes e Francisco Rodrigues Rocha, anotação ao artigo 245.º, em António Menezes Cordeiro (Coordenação), *Código das Sociedades Comerciais Anotado*, 3.ª edição Coimbra, Almedina, 2020, p. 873 e ss. e António Menezes Cordeiro, *Direito das Sociedades Comerciais*, Volume II, Coimbra, Almedina, 2007, p. 295.

46 Sobre o assunto, *vide*, António Menezes Cordeiro, *Direito das Sociedades*, Volume I, Coimbra, Almedina, 4.ª edição, 2020, p. 341 e 342.

47 Mónica Fuentes Naharro, *op. cit.*, p. 243.

CSC, quanto às SQ, a cuja atuação a gerência se encontra, em princípio, dependente das deliberações dos sócios (nos termos do artigo 259.º CSC), dir-se-á, e seguindo MÓNICA FUENTES[48], que a respetiva competência se justificará na construção dogmática que se faça do regime dos grupos, cuja característica fundamental é a subordinação a uma direção económica unitária e, sendo a centralização de tesouraria uma manifestação da centralização da política financeira do grupo, serão os administradores ou gerentes os sujeitos competentes para definir os termos dessa política[49] uniformemente seguida pelo grupo.

Adicionalmente, não existem impedimentos que impossibilitem esta hipótese porquanto não depende (não consta das competências absolutas deliberativas) da deliberação dos sócios nas SQ o ato em questão, nos termos do artigo 246.º CSC. Sem prejuízo, e verificando-se a existência de uma coligação societária de grupo em que uma sociedade subordinada seja uma SQ, não choca com o sobredito que os respetivos sócios sejam competentes para a emissão de tal decisão em cumprimento com o referido artigo 246.º CSC.

[48] MÓNICA FUENTES NAHARRO, *op. cit.*, p. 243, referindo-se, contudo, às *Sociedades Limitadas.*

[49] Assim também, EDENETH MÁRCIA DO NASCIMENTO PEDRO MARIA, *Financiamento de grupo de sociedades à luz da realidade jurídica angolana – o contrato de cash pooling*, Dissertação de Mestrado, Faculdade de Direito da Universidade de Lisboa, 2018, p. 15.

Adiante veremos a alternativa da inclusão num *pooling* de sociedade subordinada pela emissão de instruções vinculativas, nos grupos de direito.

2.1. Conteúdo do contrato nas relações intragrupo

Nesta perspetiva, as sociedades participantes celebram um Contrato (Quadro) de Gestão Centralizada de Tesouraria, no qual podemos identificar os elementos típicos dos seguintes contratos:

a. Do mandato sem representação ou mandato comercial ou comissão comercial, nos termos dos artigos 1157.º e ss. CC, 231.º e ss. e artigos 266.º e ss. do CCom, na medida em que se outorgam poderes à sociedade *pooler* (detentora da conta-maestra perante a instituição bancária) para (em nome e) por conta das sociedades subordinadas proceder à cobertura de carências de tesouraria (*downstream loans*) ou de "limpar" ou "varrer" os respetivos saldos positivos (*upstream loans*).

b. Do empréstimo comercial[50], nos termos dos artigos 394.º e ss. do CCom, sendo subsidia-

[50] Se o empréstimo for descendente (sendo credora da prestação do capital a sociedade dominante, sócia da sociedade dominada), configurando um *downstream loan*, e reunir condições de permanência (e, principalmente, se assim for convencionado pelas partes), pode tratar-se este empréstimo de um contrato de suprimentos, nos ter-

riamente aplicáveis as disposições do mútuo civil, conforme os artigos 1142.º e ss. CC, independentemente do sentido ascendente ou descendente dos movimentos financeiros (ou, mais invulgarmente, em sentido lateral, entre Sociedades Subordinadas, i.e., os *side stream loans*), encontrando-nos perante contrato real *quod constitutionem*, nos termos do artigo 1144.º CC[51].

mos do artigo 243.º, n.º 1 do CSC. Para tanto, teremos de admitir primeiramente se tal regime se pode aplicar às Sociedades Anónimas, perspetiva que é hoje admitida pacificamente (merecendo a nossa concordância), ainda que com nuances na doutrina (v., quanto a este ponto JORGE MANUEL COUTINHO DE ABREU, *Curso de Direito Comercial*, Volume II, pp. 318, 323, 324 e 326 e PAULO OLAVO CUNHA, *Direito das sociedades comerciais, op. cit.* p. 906). *Vide*, a propósito, as propostas de RAÚL VENTURA, *Sociedades por Quotas*, Volume II, Coimbra, Almedina, 1989, pp. 87 e ss., defendendo a aplicação do regime a acionistas titulares de participações qualificadas (que situa na detenção de 10% ou mais do capital social) e PAULO DE TARSO DOMINGUES, *O financiamento societário..., op. cit.*, p. 571 e 572 defendendo a aplicação do regime do contrato de suprimentos apenas aos sócios empresários, por oposição aos sócios investidores nas Sociedades Anónimas. Quanto à matéria da retribuição de que é pressuposto o contrato comercial, nos termos do artigo 395.º do Cód. Com., por razões de economia ficarão de fora considerações quanto à relevante matéria dos preços de transferência e o *cash pooling*, podendo contudo consultar-se JOSÉ FERNANDO ABREU REBOUTA, *Contextualização fiscal da gestão centralizada de tesouraria (cash pooling) em ambiente internacional*, 2005, II Pós-Graduação em Direito Fiscal, FDUP (in: *https://www.cije.up.pt/download-file/129*), pp. 31 e ss..

[51] Cujo "aspeto nuclear é a transmissão da propriedade das coisas mutuadas para o mutuário" conforme MIGUEL PESTANA VASCONCELOS, *Direito Bancário, op. cit.*, p. 172. No caso de ser mutuante entidade detida pela entidade mutuária (configurando um *upstream loan*), e

c. Da conta corrente, nos termos dos artigos 344.º e ss. do CCom, enquanto elemento centralizador do *pooling*.

d. Do depósito irregular, nos termos dos artigos 1205.º e 1206.º do CC, por ter por objeto coisa fungível, o dinheiro.

Excluímos da nossa análise, sem prejuízo de análise parcelar, a celebração de um contrato de *cash pooling* enquanto contrato de suprimento, por várias razões[52]. Em primeiro lugar, pois não resultará da vontade das partes, o mais das vezes, a celebração daquele contrato e desse facto não podermos extrair essa convenção – pois o contrato de suprimento é um contrato típico e nominado. Depois, porque relativamente aos ativos decorrentes da celebração destes acordos não é tão dúbia a sua configuração como "capital quase-próprio"[53] (ao contrário dos direitos decorrentes

conforme exposto *infra*, deverá ser convocado o problema dos limites da distribuição de bens aos sócios e da conservação do capital da sociedade subordinada.

[52] Naturalmente, a questão não se põe sequer em relação a prestações acessórias, e por várias razões. Em primeiro lugar, porque estas não vencem juros. Depois, porque a sua exigibilidade carece de deliberação dos sócios. Depois ainda, porque devem ser registadas como capital próprio, determinação que escapa, largamente ao regime dos suprimentos e, consequentemente ao contrato de *cash pooling* que, como expusemos, se trata de um instrumento de *debt finance*.

[53] Assim, Alexandre Mota Pinto, *Do Contrato de Suprimento – O Financiamento da Sociedade entre Capital Próprio e Capital Alheio*, Coimbra, Almedina, 2002, p. 56 e, ainda, Joana Freire Almeida, "Capital

da celebração do contrato de suprimento) e, derradeiramente, porque não explicaria o fenómeno dos *upstream loans*, dado o facto de as sociedades subordinadas não deterem, o mais das vezes, partes de capital da *pooler*.

Como se vê, nas relações intragrupo, o mandato ocupará um lugar preponderante na estrutura do acordo[54]. Tratando-se de um negócio de administração, o qual visa, no nosso caso, a gestão e alocação de direitos de crédito de determinada sociedade do grupo, entendemos que a mandatária (*pooler*) é titular de um direito que deve exercer de uma determinada forma, sendo uma titularidade temporária e funcionalizada, logo convocando a existência de uma relação fiduciária[55] entre as entidades participantes do *pooling*.

2.2. Conteúdo do contrato nas relações do grupo com a instituição de crédito

Nesta perspetiva, a instituição de crédito celebrará com as sociedades do grupo, ou apenas com a

Social e Suprimentos: seu conteúdo, função e papel na cobertura de prejuízos", Revista de Direito das Sociedades, Número 3/4, Ano VII (2015), p. 839 e ss..

[54] Assim, *vide* SIMÃO MENDES DE SOUSA, "O contrato de cash-pooling e a business judgment rule", *op. cit.*, p. 384.

[55] Sobre o assunto, *vide* por todos MIGUEL PESTANA DE VASCONCELOS, *A cessão de créditos em garantia e a insolvência, em particular da posição do cessionário na insolvência do cedente*, Coimbra, Coimbra Editora, 2007, pp. 251 e ss.

pooler, um contrato (Quadro) de gestão centralizada de tesouraria autónomo e coligado com o contrato intragrupo ou incluído no programa contratual do primeiro, onde podemos identificar os elementos dos seguintes contratos, a maior parte dos quais atípicos, fundados na prática negocial:

- **a.** Da conta bancária, que pressupõe a abertura de conta bancária[56], enquanto contrato bancário *matriz*[57]. Serão abertas ou associadas diversas contas coletivas subordinadas a uma conta maestra (detida pela *pooler*).
- **b.** Do empréstimo bancário, enquanto modalidade especial do contrato de empréstimo regulado nos artigos 394.º do CCom e dos artigos 1142.º e ss. CC.
- **c.** Do depósito bancário, nos termos do artigo 407.º CCom, sendo subsidiariamente aplicáveis as disposições dos artigos 1185.º e ss. do CC.

[56] Básica, central, ou de giro. Assim, Miguel Pestana de Vasconcelos, *Direito Bancário op. cit.*, p. 98. Ver também, António Menezes Cordeiro, *Direito Bancário*, 6.ª edição, Coimbra, Almedina, 2016, pp. 479 e ss.

[57] Assim, José A. Engrácia Antunes, *Direito dos contratos..., op. cit.*, p. 484, o que em nossa opinião só se compadece com o considerarmos a respetiva estrutura como um Contrato-Quadro. Assim também, Miguel Pestana de Vasconcelos, *Direito Bancário, op. cit.*, p. 96.

d. Do crédito bancário, na eventualidade do resultado global do grupo se demonstrar deficitário.

e. Do mandato sem representação ou mandato comercial ou comissão comercial, nos termos dos artigos 1157.º e ss. CC, 231.º e ss. e artigos 266.º e ss. do CCom, na medida em que se outorgam poderes à instituição de crédito (depositária dos fundos do grupo) para, por conta (e em nome) das sociedades subordinadas, proceder à cobertura de carências de tesouraria (*downstream loans*) ou de "varrer" os respetivos resultados positivos (*upstream loans*), a pedido da *pooler*.

f. Da conta corrente nos termos artigos 344.º e ss. do CCom, enquanto elemento centralizador do *pooling*.

g. Ainda, e eventualmente, do descoberto bancário (ainda que tolerado), na medida em que se permita a existência e disponibilidade de saldo negativo na conta bancária[58].

[58] O descoberto bancário, enquanto contrato legalmente atípico, pode ser considerado um negócio de execução do contrato inicial, ou, se adotada uma estrutura unitária, a qual prescinde da celebração de contratos subsequentes de mobilização de crédito, uma convenção acessória à convenção-quadro de mobilização de crédito. Pode decorrer de uma convenção expressa (descoberto contratado) ou da tolerância de mobilização, em saldo negativo, de crédito (descoberto tolerado). Assim, Miguel Pestana de Vasconcelos, *Direito Bancário*, *op. cit.*, pp. 233 e ss.

Assim, podemos definir contrato de *cash pooling* como aquele pelo qual, no âmbito da gestão de tesouraria de grupos de sociedades, uma sociedade dominante ou outro veículo societário (dita *pooler*) centraliza, com base em contas correntes bancárias detidas pelas sociedades que integram o grupo (subordinadas), a gestão e alocação de liquidez de todas as intervenientes subordinadas, ora concedendo financiamento a cada uma das participantes (*downstream* ou *sidestream loans*, consoante seja sociedade dominante, ou não), ora recorrendo a financiamento (*upstream* ou *sidestream loans*, consoante seja sociedade dominante, ou não) consoante a sua situação líquida, em determinado momento seja, respetivamente, superavitária (e a da contraparte seja deficitária) ou deficitária (e a da contraparte seja superavitária), podendo, acessoriamente, em nome e por conta das participantes no *pooling*, recorrer diretamente ao financiamento externo do grupo, através do sistema bancário, caso a consolidação geral das contas se apresente deficitária.

3. Aspetos multidisciplinares para o enquadramento do contrato de *cash pooling* no ordenamento jurídico português

Muitos e complexos são os desafios que entornam este *pooling*. A nossa exposição procura enquadrar o contrato de *cash pooling* numa perspetiva multidisciplinar privatística. Não olvidando o facto de o nosso objeto de estudo convocar soluções de diversos ramos do direito, os quais devam ser equacionados na sua implementação, decidimos estudar, e com o detalhe permitido, alguns dos aspetos da figura nas disciplinas dos Direitos Societário e Insolvencial.

3.1. O *cash pooling* na disciplina societária

3.1.1. A concessão de empréstimos intragrupo e o sistema bancário

Conforme Miguel Pestana de Vasconcelos, "o ponto central da atividade bancária é recolha de depósitos do público e concessão profissional de crédito. Foram as suas peculiares características (...) que conduziram à regulação e supervisão apertada dessa atividade, *assim como dos entes que a podem desempenhar*"[59] (itálico nosso).

Sabendo que o nosso modelo bancário assenta em princípios de universalidade e, para o que aqui nos interessa, de exclusividade, como podemos nos termos do artigo 8.º, n.º 1, RGICSF (e 12.º CAB), compatibilizar a questão naqueles casos em que, como dissemos atrás, a *pooler* se torna "numa espécie de linha de crédito à disposição de todos os membros do grupo"?

Apesar do prescrito, o RGICSF permitiu, à parte das entidades que recebam do público fundos reembolsáveis, que outras concedessem crédito sem os especiais limites desta vertente institucional regulada: são as "situações bancárias sem banqueiro"[60].

[59] Miguel Pestana de Vasconcelos, *Direito Bancário*, *op. cit.*, p. 37.

[60] A propósito dos ilícitos relacionados com a prática de atos de receção de depósitos e outros fundos reembolsáveis não permitida, *vide* artigo 200.º RGICSF (e 642.º CAB), ao nível de ilícitos penais, e artigo 211.º RGICSF (e 658.º CAB), ao nível de ilícitos contraordenacionais.

Assim, nos termos da alínea d), do n.º 2 do artigo 9.º RGICSF (e alínea d), do n.º 2 do artigo 13.º CAB) também as operações de tesouraria são retiradas do âmbito da concessão de crédito quando: **(i)** legalmente permitidas e **(ii)** entre sociedades que se encontrem numa relação de domínio ou de grupo. Cumpre aprofundar.

Não colocamos problemas institucionais à questão de saber se, no domínio dos grupos jurídicos – ou seja, aqueles cuja regulação se acha nos artigos 488.º e ss. CSC – estas operações de tesouraria cumprem os enunciados requisitos. Questão diferente aparece-nos quanto aos grupos de facto e em relação a eventuais *sidestream loans* (pense-se o caso em que a *pooler* não é a sociedade dominante do grupo, mas antes um veículo societário cujo objeto se possa reduzir, eventualmente, à centralização e distribuição das necessidades financeiras do grupo) que aparentemente estariam vedados por representarem concessão não autorizada de crédito.

Ana Perestrelo de Oliveira[61] dirime alguns argumentos no sentido da sua admissibilidade. Sinteticamente, defende que o referido artigo 9.º RGICSF pretende clarificar que o princípio da exclusividade da concessão de crédito não constitui obstáculo às técnicas de gestão centralizada no seio dos grupos, uma vez que os limites que possam existir à conces-

[61] Ana Perestrelo de Oliveira, *Manual de Grupos..., op. cit.*, pp. 180 e 181.

são de empréstimos *sidestream* podem resultar das regras gerais do direito das sociedades e do direito dos grupos. Sublinha, para o efeito, que, mesmo em relação aos *upstream loans*, só na proibição de assistência financeira, o CSC (no artigo 322.º, n.º 1) se ocupa expressamente da possibilidade de a sociedade conceder empréstimos aos acionistas, que, se adiantada, é proibida, constituindo o único aspeto cuja possibilidade de a sociedade conceder empréstimos aos acionistas é proibida[62].

Aderimos ao pensamento da A., no sentido em que refere que os limites que possam existir à figura podem resultar das regras gerais do direito das sociedades e do direito dos grupos. À margem da proibição de assistência financeira, o CSC proíbe determinados atos os quais impeçam o financiamento do sócio, inexistindo regra no nosso Direito geral aplicável à concessão de créditos aos acionistas[63]: são os caso da concessão gratuita de financiamento (cuja prática estará ferida da nulidade, nos termos, desde logo, do artigo 980.º CC), ou da concessão de financiamento ao sócio que seja, simultaneamente, administrador ou gerente (nos termos dos artigos 397.º, n.º 1 para as Sociedades Anónimas)[64].

[62] Ao contrário dos empréstimos aos administradores, geralmente proibidos, nos termos do artigo 397.º do CSC. V. mais e Ana Perestrelo de Oliveira, *Manual de Grupos...*, *op. cit.*, pp. 181 e 182.

[63] Ana Perestrelo de Oliveira, *Manual de Grupos...*, *op. cit.*, p. 181.

[64] Paulo de Tarso Domingues, *O financiamento societário...*, *op. cit.*, p. 592.

Além do mais, parece nem sequer dever qualificar-se a prática destes atos como a concessão de crédito não autorizado uma vez que, atendendo às preocupações do regime ao qual as instituições de crédito se encontram abrangidas, que contendem com a atividade de receber do público depósitos ou outros fundos reembolsáveis e em conceder crédito por conta própria, como definido no artigo 2.º, alínea w) do RGICSF (e 2.º do CAB) não vemos como possa ferir a opções da implementação do sistema de *cash pooling* com os princípios norteadores da atividade bancária.

Salvo melhor opinião, assiste-se com a instituição do *pooling* à implementação de um mecanismo que, ao centralizar a disposição do património geral do grupo, fica alheio aos interesses próprios da atividade bancária, como são os da proteção do sistema bancário e financeiro, a proteção dos depositantes, e mesmo a tutela reforçada do crédito[65] (bem pelo seu contrário, *maxime* em situação de insolvência).

A este respeito deve salientar-se que, não constituindo o objeto social limite à atuação societária (i.e., o objeto social não limita a capacidade das sociedades[66]), ainda que a concessão de crédito possa

[65] Utilizando a sistematização de MIGUEL PESTANA DE VASCONCELOS, *Direito Bancário*, *op. cit.*, p. 65.

[66] Nunca é demais relembrar, a este respeito, a lição de JORGE MANUEL COUTINHO DE ABREU, *Curso de Direito Comercial*, Vol. II, *op. cit.*, p. 188. A respeito do tema, no direito anterior ao CSC *vide*, VENTURA, RAÚL, "Objeto da sociedade e actos ultra vires", ROA, Ano 1980, Vol. I, Jan.-Abr. 1980, pp. 18 e ss..

redundar na prática de um ato *ultra vires*, nem por isso a respetiva validade e eficácia, nos termos do artigo 6.º, n.º 4 CSC[67], ficará prejudicada quando do objeto social não conste especificamente a concessão de crédito como objeto da sociedade financiadora.

3.1.2. O exercício do poder de direção da sociedade diretora ou dominante

A existência de um grupo jurídico de sociedades acarreta a existência de uma direção económica unitária, de um controlo unitário do grupo[68]. Quando de sociedades em relação de grupo tratamos, e como tal previsto nos artigos 488.º e ss. CSC, a lei introduz instrumentos que juridificam esse controlo, constituindo verdadeiros "entorse[s] aos cânones tradicionais disciplinadores da sociedade comercial independente ou individual, ao legitimar que uma sociedade possa deixar de ser gerida autonomamente pelos seus órgãos de administração de acordo com o respetivo interesse social e dos seus sócios, para o passar a ser em obediência a uma vontade e um interesse empresariais alheios"[69].

[67] DOMINGUES, PAULO DE TARSO, *O financiamento societário...*, *op. cit.*, pp. 591 e 592.

[68] Mais desenvolvidamente em ANA PERESTRELO DE OLIVEIRA, *Manual de Grupos...*, *op. cit.*, 25 e ss.

[69] Assim, JOSÉ A. ENGRÁCIA ANTUNES, Os Grupos ..., *op. cit.*, p. 717.

A emissão de instruções vinculativas constitui, por isso, um meio para o exercício da atividade de direção económica a cargo da sociedade-mãe ou diretora[70], prerrogativa aberta pelo artigo 503.º CSC (sob epígrafe, "direito de dar instruções") e que corresponderá à emissão de declarações de vontade, expressas ou tácitas, de natureza recetícia (nos termos da primeira parte do n.º 1 do artigo 224.º CC e, consequentemente, livremente revogáveis até à receção do destinatário, nos termos do artigo 230.º, n.º 1 CC *a contrario*, *ex vi* artigo 295.º CC), através das quais se determina de modo vinculativo a gestão social da sociedade subordinada, e que poderão revestir a forma de ordens específicas, de diretivas genéricas, mas também de meras recomendações, sugestões ou conselhos[71].

A questão que se coloca neste domínio é a de saber se a *pooler*, ao abrigo deste direito e conquanto seja sociedade diretora ou dominante, pode, através dos respetivos órgãos de administração[72], forçar determi-

[70] Assim, Ana Perestrelo de Oliveira, anotação ao artigo 503.º, em António Menezes Cordeiro (Coordenação), *Código das Sociedades Comerciais Anotado*, *op. cit.*, p. 1655 e ss. e José A. Engrácia Antunes, *Os Grupos*, *op. cit.*, p. 718.

[71] Assim, José A. Engrácia Antunes, *Os Grupos*, *op. cit.*, p. 724.

[72] Assim parece atribuir implicitamente a titularidade do exercício dessa prerrogativa o artigo 501.º, n.º 1 CSC. Cfr., José A. Engrácia Antunes, *Os Grupos*, *op. cit.*, p. 719. Assim, para as Sociedades Anónimas, corresponderá o Conselho de Administração, em geral (artigo 405.º, n.º 1 CSC) e para as Sociedades por Quotas e Comandita por Ações, a Gerência (artigos 259.º e 470.º CSC).

nada subordinada a concluir o acordo[73] quando, em particular, estas instruções se revelem desvantajosas para a subordinada[74].

A este respeito, podem sugerir-se dois limites genéricos à emissão de instruções no sentido da inclusão de subordinada num *pooling*. É que, em primeiro lugar, em geral, o n.º 2 do artigo 503.º do CSC permite a emissão de instruções desvantajosas[75], cumprido que seja o requisito de as mesmas servirem os interesses da "*sociedade diretora ou das outras sociedades do mesmo grupo*" (itálico nosso). Pode concretizar-se como instrução desvantajosa aquela pela qual os administradores da sociedade dominada, cumprindo os deveres de cuidado e de lealdade para com ela, nos termos do artigo 64.º CSC, não adotariam o comportamento visado pela instrução[76]. São casos paradigmáticos da emissão de instruções desvantajosas aquelas em que a sociedade dominante impõe à dominada o empréstimo de disponibilidades a outras sociedades a baixas taxas de juro ou que preste a sociedades do grupo

73 Ana Perestrelo de Oliveira, *Manual de Grupos...*, *op. cit.*, 178 e ss.

74 E para a sociedade dominada, termos em que as disposições aplicáveis ao contrato de subordinação vigentes ao abrigo dos artigos 501.º a 504.º CSC são aplicáveis aos grupos constituídos por domínio total *ex vi* artigo 491.º CSC.

75 Instruções que têm em vista medidas que um gestor criterioso e ordenado, numa situação de independência societária, não tomaria, Ana Perestrelo de Oliveira, *Manual de Grupos ...*, *op. cit.*, p. 256.

76 Assim, Jorge Manuel Coutinho de Abreu, anotação ao artigo 503.º, em Jorge Manuel Coutinho de Abreu (Coordenação), *Código das sociedades comerciais em comentário...*, *op. cit.*, p. 286.

gratuitamente garantias pessoais ou reais[77]. Por maioria de razão, enquadrar-se-ão aqui os atos de transferência de todas ou algumas das disponibilidades líquidas da dominada a quc o *pooling* obriga.

Assim, quando a inserção de dominada num *pooling* comporte a emissão de instrução desvantajosa, socorremo-nos da letra do n.º 2 do artigo 503.º para justificar a *globalidade* do interesse do grupo protegido. Tratar-se-á de certificar que as vantagens e as desvantagens originadas pelas instruções sejam compensadas mutuamente no contexto do grupo enquanto unidade económica[78].

O outro limite, já nos termos do n.º 4 do mesmo artigo 503.º, determina que aquelas transferências contemplem a existência de "justa contrapartida" especificamente atinente às transferências de bens do ativo da sociedade subordinada, o que, em decorrência da execução do acordo, naturalmente sucederá (através, nomeadamente, da liquidação dos saldos de caixa, registados, se positivos, em débitos de rúbricas de balanço).

No sentido de determinar a fronteira da referida "justa contrapartida", e em linha do que vem sendo entendido pela melhor doutrina, aderimos ao pensamento de Ana Perestrelo de Oliveira, de acordo com o qual, através de uma interpretação teleológica

[77] Assim, Jorge Manuel Coutinho de Abreu, anotação ao artigo 503.º, em Jorge Manuel Coutinho de Abreu (Coordenação), *Código das sociedades comerciais em comentário...*, *op. cit.*, p. 286.

[78] Assim, José A. Engrácia Antunes, *Os Grupos...*, *op. cit.*, p. 724.

e sistemática da norma, a justa contrapartida pode consistir também ela numa vantagem para a sociedade diretora ou para outra sociedade do grupo, não devendo proceder-se à sua apreciação em termos isolados (circunscritos à sociedade subordinada), o que seria contrário ao sistema normativo do artigo 503.º (e de todo o normativo do direito dos grupos societários, acrescentamos) e impediria uma afetação eficiente dos recursos e consequente acréscimo da rentabilidade do grupo[79].

Em nosso ver, a admissibilidade da existência de fluxos financeiros *upstream*, porquanto correspondam a transferências de bens do ativo de subordinada para a sociedade-mãe, estará, naturalmente, submetida à interpretação que se faça do conceito de "justa contrapartida" constante do n.º 4 do artigo 503.º (que como vimos, deverá ser alargado à fronteira do grupo) e, quando comporte a emissão de instruções desvantajosas, do n.º 2 do artigo 503.º.

Contudo, não podemos deixar de notar que a letra da lei aqui terá sido infeliz, devendo interpretar-se que o preceito constitua "um mero afloramento particular, em sede de transferências intragrupo, da doutrina geral subjacente a outros tipos de limite ao direito de instrução"[80], dispensando-se a respetiva

[79] Ana Perestrelo de Oliveira, *Manual de Grupos...*, *op. cit.*, p. 178., mas também José A. Engrácia Antunes, *Os Grupos*, *op. cit.*, p. 746 e 747.

[80] José A. Engrácia Antunes, *Os Grupos*, *op. cit.*, p. 747.

autonomia[81-82]. Nestes termos, e conforme ENGRÁCIA ANTUNES[83], à sociedade diretora estará vedado

[81] Assim, ANA PERESTRELO DE OLIVEIRA, *Manual de Grupos...*, *op. cit.*, p. 178.

[82] Quanto à parte final do n.º 4 do artigo 503.º, que exceciona o regime ora exposto no caso do artigo 502.º (Responsabilidade por perdas da sociedade subordinada), somos da opinião que, não se conseguindo vislumbrar utilidade da reserva feita, o mesmo deva ser submetido a interpretação corretiva, não ficando a respetiva utilidade prejudicada se entendermos dever remeter-se a referida reserva à hipótese de ao contrato de subordinação ter sido acessoriamente convencionada a atribuição de lucros da subordinada, nos termos do artigo 508.º. A opinião não é unânime. A favor: JORGE MANUEL COUTINHO DE ABREU, anotação ao artigo 503.º, em JORGE MANUEL COUTINHO DE ABREU (COORDENAÇÃO), *Código das sociedades comerciais em comentário...*, *op. cit.*, pp. 288 e 289, ANA PERESTRELO DE OLIVEIRA, anotação ao artigo 503.º, em ANTÓNIO MENEZES CORDEIRO (COORDENAÇÃO), *Código das Sociedades Comerciais Anotado...*, *op. cit.*, p. 1659 e ANA PERESTRELO DE OLIVEIRA, *Manual de Grupos...*, *op. cit.*, 178 e ss. admitindo mesmo poder o preceito ser submetido a interpretação ab-rogante. Contra: JOSÉ A. ENGRÁCIA ANTUNES, *Os Grupos ...*, *op. cit.*, p. 745. Salvo melhor opinião, a natureza da interpretação revogatória ou ab-rogante é restrita às fórmulas legislativas "abortadas ou de verdadeiros lapsos", às quais o intérprete deverá recorrer apenas "quando só por essa via seja possível alcançar o fim visado pelo legislador" (JOÃO BAPTISTA MACHADO, *Introdução ao Direito e ao discurso legitimador*, 13.ª reimpressão, Coimbra, Almedina, 2002, p. 186), tratando-se, portanto, de uma interpretação de cariz excecional. Se fica provado ter sido o intento do legislador permitir as transferências patrimoniais *upstream*, não vemos por que razão, e sendo estéril a remissão ao artigo 502.º, não se poderá reconduzir essa mesma remissão ao artigo 508.º que derroga o regime do artigo 503.º. A respeito, note-se, RAÚL VENTURA, *Novos estudos sobre sociedades anónimas e sociedades em nome coletivo*, Coimbra, Almedina, 1994, p. 117, para quem submete a letra do n.º 4 do artigo 503.º a uma verdadeira "gralha não corrigida". Submetemos, assim, e

emitir instruções à administração da subordinada, que tenham por objeto ou efeito a transferência de bens do ativo desta, sempre que tal transferência não possa ser justificada por uma contrapartida vantajosa originada por seu intermédio para outra sociedade do mesmo grupo ou possa colocar em causa a sobrevivência económica da sociedade subordinada.

Assim, parece a sociedade-mãe poder exercer o seu direito de direção por forma a obrigar a sociedade-filha a integrar um sistema de gestão centralizado de tesouraria, justificado na diferença positiva entre vantagens e desvantagens que a instrução causar ao grupo *in totum*, conquanto que constitua justa contrapartida (atribuição patrimonial) concedida às sociedades do mesmo grupo[84] globalmente considerado. Sem prejuízo, veremos de seguida os problemas que se colocam, especificamente, à concessão de empréstimos aos sócios no âmbito dos esquemas de *cash pooling*.

Na circunstância da existência de um *pooling* em empresa plurissocietária cuja direção económica unitária não se sustente em instrumento jurídico, isto é, no âmbito dos grupos de facto (ou seja, situações

tão só, a parte final do artigo 503.º, 4, a interpretação corretiva no sentido em que deverá entender-se como remetendo para o artigo 508.º.

[83] José A. Engrácia Antunes, *Os Grupos*, *op. cit.*, p. 747.

[84] Em sentido que julgamos materialmente idêntico ao que vimos adotando, Orlando Vogler Guiné, anotação ao artigo 503.º, em Jorge Manuel Coutinho de Abreu (Coordenação), *Código das sociedades comerciais em comentário...*, *op. cit.*, p. 291 e ss.

em que uma sociedade exerce influência dominante sobre outra, ao abrigo do artigo 486.º CSC), a admissibilidade do exercício do poder de direção, inclusive a emissão de instruções desvantajosas, deverá ser admitida com esforços redobrados.

Na doutrina portuguesa, e à mão de ANA PERESTRELO DE OLIVEIRA[85], vem sendo trilhado esse caminho através da teoria das vantagens compensatórias. Admitindo que não se justifica em si mesma a emissão de instruções desvantajosas vinculantes para a dominada com o mero "interesse do grupo" como se fez em relação aos grupos jurídicos, o que fazer quando a dominada vier a beneficiar, e tão-só em momento posterior, das medidas de integração no grupo e, consequentemente, no *pooling*? Ora, a A. defende essa hipótese com base no princípio da lealdade e *ex bona fide*, enquanto elemento contribuidor da juridificação (da sua relevância jurídica) dos grupos de facto, a circunstância de poderem ser emitidas instruções vinculantes desvantajosas desde que compensadas por medidas vantajosas para a sociedade prejudicada, termos em que não se consideram lesados quaisquer direitos ou interesses legalmente protegidos. Na ausência de compensação por lapso de tempo razoável, os danos causados à sociedade-filha ou aos seus sócios e credores devem ser ressarcidos pela sociedade-mãe.

85 ANA PERESTRELO DE OLIVEIRA, *Manual de Grupos...*, *op. cit.*, pp. 247 a 254.

A solução proposta, merecendo o nosso acordo, seria, contudo evitada, se entre nós existissem normas como às dos § § 18, 311 a 317 AktG que permitem às sociedades detentoras de participações maioritárias o exercício de uma influência dominante sobre as participadas num sentido prejudicial aos interesses destas, desde que tal exercício seja pontual e os prejuízos para estes daí derivados sejam compensados[86] ou dos artigos 469.º e ss. da Lei das Sociedades Comerciais de Angola que inclui no Capítulo III ("Sociedades em Relação de Grupo") sob o Título VI ("Sociedades Coligadas") a regulação da matéria de sociedades em relação de domínio, cujo artigo 475.º permite, em termos análogos aos do artigo 503.º CSC, a emissão de instruções desvantajosas.

3.1.3. Os *upstream loans* e a conservação do capital

Um problema maior põe-se quanto à matéria dos *upstream loans*, fenómeno a que podemos reconduzir os empréstimos de entidade participante à *pooler* quando esta seja sociedade dominante, de direito ou de facto ou, pelo menos, sua sócia. Apesar de parecer ser do interesse do grupo a redução de custos associados à centralização da gestão de liquidez intragrupo, não deixa de haver riscos associados a esta prática. Concretamente, os credores sociais podem

[86] José A. Engrácia Antunes, *Os Grupos*, *op. cit.*, p. 74, nota de pé-de-página n.º 103.

confrontar-se com o risco de entidade participante no *pooling* se ver sem capacidade de cumprimento das suas obrigações, na medida em que ao transferir a sua liquidez (no todo ou em parte) à *pooler* a título de empréstimo, com frequência determinada, pode estar a enfraquecer as suas garantias de cumprimento[87], em princípio limitadas aos bens penhoráveis do seu próprio património, nos termos gerais do artigo 601.º CC (a menos que sociedade e sócio se encontrem em relação de grupo jurídico, em cuja circunstância, e nos termos do artigo 501.º CSC, a diretora responde perante os credores sociais da subordinada ou o regime de responsabilidade do sócio único, nos termos do artigo 84.º CSC, se do depauperamento do património social se convocarem as regras próprias do direito insolvencial). Cumpre saber se o ordenamento jurídico proíbe essa conduta, da qual parece resultar a insuficiência de liquidez.

Nos termos em que a colocamos, a questão pode pôr-se em todo o Direito Europeu das Sociedades[88], uma vez que a Segunda Diretiva das Sociedades determinou a proibição de *distribuição* de bens aos sócios quando o património social (o capital próprio, incluindo o resultado líquido do exercício) seja inferior ao capital social, consagrando, assim, o que usa designar-se por princípio da *intangibilidade do capital*

[87] Jochen Vetter e Christian Schwandtner, *op. cit.*, p. 1159.

[88] Mónica Fuentes Naharro, *op. cit.*, p. 247.

social[89]. Em Portugal, como sabemos, rege esta matéria o artigo 32.º do CSC, determinando que em caso de distribuição ilícita de bens aos sócios seja determinada a sua restituição, nos termos do artigo 34.º CSC, sem prejuízo de serem intentadas ações de responsabilidade civil dos administradores (cfr. artigos 64.º, 78.º e 79.º CSC)[90]. A norma servirá o propósito de preservar o ativo da sociedade correspondente ao capital social de acordo com as menções no registo comercial, sendo, em geral, um dos elementos do contrato social, nos termos do artigo 9.º, n.º 1, al. f) CSC.

3.1.3.1. A experiência alemã e os seus reflexos na prática mercantil

A matéria da conservação do capital social vem sendo desenvolvida com particularidades na Alemanha no que toca às relações intragrupo, tanto no tocante aos empréstimos aos sócios, mas também no que se refere à prestação de garantias (que veremos em número autónomo) nos termos dos § § 30 GmbHG e 57 AktG[91].

[89] Quanto a esta matéria, *vide*, PAULO DE TARSO DOMINGUES, *Variações Sobre o Capital Social*, Coimbra, Almedina, 2013, pp. 251 e ss.

[90] Consoante a legitimidade ativa resida na sociedade, sócios ou credores sociais, respetivamente. Por esta razão se diz que a disciplina contida no artigo 32.º CSC, análoga ao § 30 GmbHG, tem como destinatários principescos os administradores. Assim, JOCHEN HERBST, *op. cit.*, p. 1217.

[91] Assim, PEDRO VIEIRA DE CASTRO, "Garantias intragrupo", Revista de Direito das Sociedades, Números 1-2, 2013, p. 304, (in: *http://*

Em resultado de debate doutrinal em torno da problemática, nos anos que antecederam a MoMiG foram sendo construídos *standards* de compatibilidade dos fluxos de liquidez próprios do *pooling* com as regras do capital social[92], em articulação com o princípio da intangibilidade, previsto no § 30 GmbH que, na redação em vigor, previa genericamente não poderem ser distribuídos aos sócios bens *necessários* à manutenção do capital social. A construção baseou-se, primeiramente, na ideia de que seriam lícitos os *upstream loans* se o empréstimo concedido reconhecia a *realizabilidade* – a restituição – de tudo quanto fora emprestado e que fosse realizado a condições de mercado (critério *on an arm's length*), cumprindo um suposto requisito de *neutralidade* para efeitos de balanço[93], ou seja, cumprido o requisito de que o capital próprio da sociedade se mantivesse acima da cifra do capital social uma vez efetuado o empréstimo. A sociedade obtinha assim um crédito contra o sócio, subordinado a um juro determinado em condições normais de mercado sem o correspondente efeito da redução do património social[94].

www.revistadedireitodassociedades.pt/files/RDS%202013-01e02%20(303-337)%20-%20Doutrina%20-%20Pedro%20Vieira%20de%20Castro%20-%20Garantias%20intragrupo.pdf.), p. 322.

92 Mónica Fuentes Naharro, *op. cit.*, p. 248.

93 Salientando o efeito neutral da concessão de empréstimos para efeitos de balanço nos termos do direito da prestação de contas, Jochen Herbst, *op. cit.*, p. 1220.

94 Mónica Fuentes Naharro, *op. cit.*, p. 248.

A decisão de 24 de novembro de 2003 do BGH transformou, porém, o enquadramento jurídico dos *upstream loans* em matéria de incerteza[95-96]. Sinteticamente, o Tribunal tratou de adicionar um requisito adicional para a admissibilidade dos empréstimos intragrupo. Assim, para que fosse considerado lícito um *cash pool*, a situação financeira da subordinada deveria ser garantida pelo sócio[97], consagrando a teoria do *património real* ou da *redução do património real*[98]. Ora, interpretado neste sentido, o princípio da intangibilidade determinaria a desconsideração do montante do crédito emergente na sociedade participante perante a sócia no cômputo dos bens necessários à manutenção do valor da massa patrimonial da sociedade em relação à cifra do capital social[99], coberto, assim, por uma massa patrimonial em forma de reserva *in personam* retirando por esta via qualquer

[95] Jochen Vetter e Christian Schwandtner, *op. cit.*, p. 1155. Por todos, *vide* Herbert Schimansky, Hermann-Josef Bunte e Hans-Jürgen Lwowski, *Bankrechts Handbuch*, *op. cit.*, § 90, 230, pp. 686 e 687

[96] Ressalva-se, contudo, que a decisão não incidiu sobre a análise das transferências intragrupo ao abrigo de um contrato de *cash pooling*, nem da sua admissibilidade. As considerações aí contidas servem, apenas, de base à análise da admissibilidade dos empréstimos intragrupo. Assim, Andreas Pentz e Achim Sollanek, *Cash-Pooling im Konzern...*, *op. cit.*, p. 30.

[97] Jochen Vetter e Christian Schwandtner, *op. cit.*, p. 1162

[98] Jochen Herbst, *op. cit.*, pp. 1222 e 1226.

[99] Pedro Vieira de Castro, *op. cit.*, p. 322.

vantagem financeira na concessão de empréstimos intragrupo[100-101].

A decisão resultou em duras críticas doutrinais e no quase abandono da figura, sendo progressivamente considerados inadmissíveis os acordos *cash pool* práticos, levando ao desenvolvimento do *conditional balancing* (fixados a partir de determinado limite, *in casu*, o do valor da cifra do capital social).

Contudo, a MoMiG de 2008, que em parte se destinou a retificar a jurisprudência do BGH, aditando uma nova frase ao § 30 GmbHG, determinou a proibição da restituição antecipada de empréstimos intragrupo podendo hoje afirmar-se que o sistema não violará a determinação de proibição de distribuição de bens, abaixo da cifra do capital social, se a devolução do capital se aparentar *realizável*[102], i.e., relativamente aos quais exista uma expectativa de remuneração completa, total. Pode dizer-se que a MoMiG consagrou o critério contabilístico, em termos que basta a existência de um crédito com valor correspondente para se considerarem lícitos os acordos *cash pool*, enquanto contemplou expressamente a obrigação dos membros da administração indemnizarem a sociedade no caso de pagamentos a sócios dos quais resultem insuficiências de liquidez. Por esse motivo se diz que esta obrigação, da qual

[100] Jochen Herbst, *op. cit.*, p. 1223.

[101] Andreas Pentz e Achim Sollanek, *Cash-Pooling im Konzern...*, *op. cit.*, p. 28.

[102] Mónica Fuentes Naharro, *op. cit.*, p. 249.

resulta a necessidade de realizar testes de solvência, constitui parte dos deveres *fiduciários* dos administradores para com a GmbH[103].

3.1.3.2. Considerações em torno do ordenamento jurídico português

As mesmas considerações podem ser tecidas para efeitos do enquadramento da questão no ordenamento jurídico português. Ou seja, desde que um *upstream loan* não se trate de distribuição indevida ou oculta de bens, nada há a objetar ao sistema. De facto, o que se pretende com as regras de conservação do capital social é, também, a garantia de que os valores entregues pelos sócios à sociedade sejam empenhados na prossecução do fim social, i.e., nos termos do artigo 980.º CC, o lucro e esse sim distribuído aos sócios e não de permanecerem "enterrados" no cofre social[104].

Conforme Paulo de Tarso Domingues[105], a "determinação dos bens distribuíveis pelos sócios resulta exclusivamente, nos direitos societários europeus, de um simples teste de balanço". É isso que estabelece o artigo 15.º, n.º 1, alínea a) da Segunda Diretiva

[103] Jochen Vetter e Christian Schwandtner, *op. cit.*, pp. 1167.

[104] Paulo de Tarso Domingues, *Variações sobre ..., op. cit.*, p. 254.

[105] Paulo de Tarso Domingues, *Variações sobre ..., op. cit.*, p. 316 sem, contudo, nesse facto dever reduzir-se todo o seu interesse, Paulo de Tarso Domingues, *Variações sobre ..., op. cit.*, p. 24 e, em especial, nota 19.

das Sociedades (Diretiva 77/91/CEE). A contabilidade assume, pois, na realização do teste de balanço, um papel preponderante[106].

Ora, uma vez que a lei societária não determina o critério contabilístico aplicável[107], recorrer ao "teste de balanço" representa recorrer a regras contabilísticas próprias e que pode sintetizar-se do modo seguinte: para uma distribuição ser legal, ela tem de ser inferior ao excesso dos bens e direitos sobre as obrigações, considerando o capital social como uma obrigação. Sabendo que o capital próprio (ou património ou situação líquida) resulta da diferença entre ativo e passivo, sendo que no ativo se encontrarão direitos de crédito (como os derivados da restituição de empréstimos celebrados), não pode considerar-se o património social abaixo da cifra do capital o facto de, por exemplo, em caixa, a sociedade subordinada não detiver um valor pelo menos correspondente à cifra do capital social.

No que respeita ao limite geral da conservação do capital, o artigo 32.º CSC proíbe apenas a "distribuição de bens aos sócios" e somente nos casos

[106] Com particular interesse para a realização deste teste de balanço revela-se a compreensão do método de lançamentos contabilísticos, o "método das partidas dobradas", ou "*double-entry system*". Por todos, cfr. José Engrácia Antunes, *Direito da Contabilidade – Uma introdução*, Coimbra, Almedina, 2018, p. 17.

[107] V. Paulo Câmara, anotação ao artigo 32.º, em António Menezes Cordeiro (Coordenação), *Código das Sociedades Comerciais Anotado*, *op. cit.*, p. 223.

em que a situação líquida da sociedade for ou se tornar inferior à soma do capital e das reservas que a lei ou o contrato não permitem distribuir aos sócios. Na verdade, e tratando-se, com a implementação de um *cash pooling*, da concessão, com frequência determinada, de empréstimos aos sócios os quais determinem a "liquidação" das contas de caixa da sociedade, não poderemos, sequer, considerar de aplicação análoga a regra constante no artigo 397.º CSC que determina a proibição da sociedade conceder empréstimos ou crédito a administradores (a norma encontra respaldo no ordenamento jurídico alemão, limitada, contudo, à cifra do capital social, nos termos do § 43a GmbHG).

Assim, julgamos poder afirmar-se que os *upstream loans* não violarão a doutrina da intangibilidade do capital social se a devolução da totalidade do empréstimo puder considerar-se realizável ou, por outras palavras, que entre o valor emprestado à sociedade-mãe e o valor devolvido haja um nexo de correspetividade ou que se cumpra o referido teste de neutralidade de balanço (que os valores sejam iguais), sem prejuízo da existência de cláusulas acessórias de remuneração do capital prestado. A valorar essa circunstância há que admitir uma avaliação *ex ante* por parte dos administradores[108] no sentido de aferir a liquidez da sociedade mutuária. *A contrario*, o preceito do artigo 32.º pode limitar a concessão de

[108] Como proposto por Mónica Fuentes Naharro, *op. cit.*, p. 249.

crédito quando, através dela, se proceda a distribuição ilícita de bens[109].

3.1.3.3. Utilização do critério "*on an arm's length*" quanto a *downstream loans*

Do exposto resulta, de facto, que apesar de provocar insuficiências imediatas de liquidez, o sistema do *cash pooling*, não afeta um dos princípios básicos atuais do direito das sociedades comerciais que é o princípio da intangibilidade do capital social. Mas uma palavra deve ser ainda dada quanto ao referido critério "*on an arm's length*".

Quando nos referíamos acima à exigência de, no caso de *upstream loans*, que os mesmos fossem celebrados em condições de mercado (o critério *on an arm's length*, desde logo obrigatório sob uma perspetiva da disciplina de preços de transferência), entendemos, semelhantemente a Mónica Fuentes[110] que, em benefício de uma utilização eficiente do sistema,

[109] A concessão de empréstimos intragrupo não pode, contudo, obnubilar as considerações valiosas que têm sido feitas a respeito dos riscos que suscitam a conservação do capital social nos grupos de sociedades. É particularmente ilustrativa a questão colocada por José A. Engrácia Antunes, *Os Grupos ...*, *op. cit.*, pp. 380 e ss. quanto à ilusão da constituição efetiva do capital social (violando, portanto, o princípio da efetividade do capital social, para mais *vide* Paulo de Tarso Domingues, *Variações sobre ...*, *op. cit.*, p. 251) quando existam participações cruzadas e se proceda a aumentos de capital, aumentando ilusoriamente a "riqueza" de ambas as sociedades.

[110] Mónica Fuentes Naharro, *op. cit.*, p. 250.

o mesmo deve ser interpretado em termos hábeis. É que o próprio propósito de implementação do sistema é o de propiciar um financiamento em condições que se considerem mais vantajosas em relação àquelas que seriam alcançadas no mercado bancário. É que, se o mesmo critério pode ser utilizado no sentido ascendente[111-112], o mesmo não deve ser assim entendido no sentido descendente, impedindo que as sociedades subordinadas obtenham financiamento a preços inferiores aos do mercado.

Entendemos, neste sentido, que o preço a ser pago pelos acordos de financiamento (portanto, os juros) nos *downstream loans* podem escapar a esse critério na parte em que os mesmos sejam inferiores ao critério de mercado. A valorar esta perspetiva e, como referido por MÓNICA FUENTES[113], se juros acima das condições de mercado são um critério útil para determinar a existência de uma distribuição oculta de bens, que obrigaria à sua restituição nos termos do artigo 34.º do CSC, além de constituir facto passível de responsabilidade civil nos termos dos artigos 72.º e ss. CSC,

[111] Aliás, em respeito das regras de preços de transferência. Para mais, *vide*, ANA PERESTRELO DE OLIVEIRA, *Manual de Grupos...*, *op. cit.*, pp. 190 a 192.

[112] Mais longe, sem contudo se dirigir especificamente ao financiamento em *pool*, parece ir PAULO OLAVO CUNHA, defendendo não se vislumbrarem razões para que no contexto do financiamento entre empresas (*rectius*, sociedades) em relação de domínio total tenham de ser remunerados os empréstimos. Vide, PAULO OLAVO CUNHA, "Os empréstimos intragrupo...", *op. cit.*, p. 349.

[113] MÓNICA FUENTES NAHARRO, *op. cit.*, p. 250.

a verdade é que não vemos obstáculos (dentro de um quadro de direção unitária do grupo pela *pooler*, se esta for a sociedade dominante) a que as sociedades subordinadas se financiem a custos mais atrativos do que aqueles que o próprio mercado consiga prover.

Note-se, contudo, e na medida em que as intervenientes do empréstimo serão, em todo o caso, comerciantes (*ex vi* artigo 13.º, § 2 CCom), nesse sentido atos bilateralmente comerciais, e se destinarem à exploração da empresa societária (à qual se poderá reconduzir à prática de atos mercantis[114]) o regime de tais empréstimos encontrar-se-á sujeito aos termos do Título XI (sob epígrafe "Do empréstimo") do CCom cuja disciplina incluída no artigo 395.º determina que o empréstimo mercantil seja retribuído e que, nos termos do seu § único, e na falta de convenção, deverá ser submetida à taxa legal do juro (atualmente fixado em 7% nos termos de Aviso da Direção-Geral do Tesouro e Finanças, *ex vi* artigo 102.º § 3 CCom). Deve, contudo, precisar-se que a tese ora exposta não fica prejudicada se se entender a natureza da norma exposta como meramente supletiva e não

[114] De resto, e como dissemos atrás, não se restringindo as operações de financiamento ora em questão a financiamentos de escopo, o emprego comercial da coisa emprestada poderia ser mesmo, e apenas, potencial. Assim, José A. Engrácia Antunes, *Direito dos contratos ..., op. cit.*, p. 370.

imperativa[115], admitida a convenção de gratuitidade do empréstimo mercantil, entendimento o qual pode ser reforçado no quadro de direção económica unitária de um grupo ao qual interessa a movimentação do capital e o desagravamento dos gastos de financiamento das participantes.

3.1.4. O *cash pooling* e a concessão de garantias intragrupo

Como temos visto, a figura ora estudada pode ser apta a servir uma miríade de propósitos empresariais. Contribuindo para a construção de uma perspetiva financeira integrada (una) de determinado grupo, pode questionar-se de que forma a integração num *pooling* acarreta a prestação de garantias e quais as suas consequências. Para tanto, estudar as garantias prestadas no âmbito de um contrato de *cash pooling* implicará estudar o regime das garantias intragrupo.

A temática da prestação de garantias intragrupo, no âmbito do contrato de *cash pooling*, adquire relevância na vertente de financiamento externo do grupo. Ora, e uma vez que nem sempre pode determinada sociedade ter capacidade para obter financiamento junto das instituições de crédito ou, pelo menos, não em condições especialmente vantajosas[116], revela-se o

[115] Assim julgou o Tribunal da Relação de Évora, em Acórdão de 1 de março de 1974 *apud* José A. Engrácia Antunes, *Direito dos contratos ...*, *op. cit.*, p. 370.

[116] Pedro Vieira de Castro, *op. cit.*, p. 305.

mais das vezes a prestação de garantias intragrupo um instrumento facilitador desse financiamento.

Aqui realçam-se as diferentes funções dos empréstimos intragrupo e das garantias. Se os primeiros servem para prover a liquidez do grupo ou cobrir carências de tesouraria (impedindo, no limite, a situação de insolvência), os segundos permitem preservá-la[117].

E também podem ser apontadas diferenças quanto às suas finalidades. É que, servindo o mesmo propósito – i.e., o financiamento do grupo – enquanto os empréstimos intragrupo cumprem uma função de injeção de liquidez no seio do grupo, a prestação de garantias cumpre a finalidade de facilitar a aprovação e obtenção de crédito[118]. Neste sentido, a prestação de garantias intragrupo pode tornar-se, também, num instrumento de *financiamento indireto*[119] e interno.

Segundo Ana Perestrelo de Oliveira[120], numa perspetiva externa, as garantias cumprem a função de eliminar, no que respeita a determinados credores qualificados, as consequências da personalidade autónoma das sociedades no grupo, procurando fazer coincidir a realidade económica com a realidade jurídica. Diríamos, nesse sentido, que a presta-

[117] Timothy F. Geithner, *Stress Test, Reflections on Financial Crises*, London, Penguin Random House, 2014, p. 231.

[118] Pedro Vieira de Castro, "Garantias intragrupo", *op. cit.*, p. 304.

[119] Pedro Vieira de Castro, "Garantias intragrupo", *op. cit.*, p. 304.

[120] Ana Perestrelo de Oliveira, *Manual de Corporate Finance*, Coimbra, Almedina, 2015, p. 286.

ção de garantias intragrupo é (mais) um mecanismo de *juridificação da empresa plurissocietária*, pelo esbatimento, através do exercício da autonomia da vontade, das fronteiras que se traçam pela existência de vários entes jurídicos. Contudo, sublinha-se uma vez mais, que dada a inexistência de uma personalidade (não da relevância) jurídica do grupo, falar de garantias intragrupo é o mesmo que falar-se de garantias prestadas por sociedades do mesmo grupo a terceiros com vista à satisfação de interesses endógenos ao próprio grupo.

De facto, não raras vezes será exigido às participantes no *pooling* a prestação de garantias com vista à sustentação da posição económica que o grupo adquire no seio da instituição de crédito. Assim, as garantias cruzadas prestadas pelas participantes representam mais um elemento para demonstração da existência de saldos os quais devam ser compensados, tendo em conta a posição global líquida das participantes[121]. Afinal, este *pooling* de liquidez pode tornar-se, também, num *pooling* de garantias (cruzadas).

A questão a que nos propomos, neste ponto, tratar é a de saber qual o tratamento a dar na eventualidade de serem prestadas garantias, *maxime* pelas subordinadas perante a instituição de crédito (portanto, *upstream*, mas também *sidestream*), de tal forma que coenvolvam um mecanismo de *financiamento indi-*

[121] Antonio Colangelo, *op. cit.*, p. 13.

reto[122], *da pooler*, mais do que propriamente financiamento externo.

Assim, e na medida em que da prestação de garantias a terceiros, *in casu* à instituição de crédito, resulte a diminuição do património social que possa afetar a proteção dos credores que o veem como garantia do cumprimento dos seus créditos, estes atos deverão ser vistos, também, à luz do princípio da intangibilidade do capital social[123], dando-se o caso de uma atribuição patrimonial indireta, dirigida ao sócio, mas prestada a terceiro[124], sem prejuízo das consequências em matéria de insolvência, que trataremos adiante.

À partida, poderíamos dizer que a concessão de garantias, em especial *upstream*, encontra no *hard pooling* (ou *zero balance*) um campo de aplicação privilegiado, enquanto modalidade de *pooling* que coenvolva o financiamento direto das entidades aderentes. Contudo, não é menos certo dizer-se que, também num *virtual pooling*, não prolifere a prestação de garantias cruzadas. Se é certo que nesta modalidade o interesse da sua prática é sobre uma perspetiva de cedência de juros, pode a prestação de garantias ser requerida pelas instituições de crédito no sentido de favorecer as condições de financiamento das aderentes.

122 Pedro Vieira de Castro, *op. cit.*, p. 305.

123 Pedro Vieira de Castro, *op. cit.*, p. 329.

124 Pedro Vieira de Castro, *op. cit.*, p. 334.

3.1.4.1. A capacidade das sociedades comerciais e a prestação de garantias (em especial, *upstream*)

As sociedades comerciais não têm, hoje, a respetiva capacidade de gozo – a medida dos direitos e deveres (*rectius*, obrigações) que a estas possam ser imputados[125] – circunscrita ao previsto nos respetivos estatutos dominando, para o efeito, a ideia da capacidade jurídica geral das sociedades. Estas, segundo a lição de Coutinho de Abreu, podem ser titulares de todos os direitos e obrigações que não sejam incompatíveis com a sua natureza não humana e que não sejam expressamente proibidos por lei[126]. É o que resulta, de resto, do artigo 6.º do CSC, que estatui que a capacidade das sociedades compreende os direitos e obrigações necessários ou convenientes à prossecução do seu fim, i.e., a obtenção e repartição do lucro, nos termos do artigo 980.º CC. Diz-se, assim, que o sistema de capacidade jurídica geral protege mais a segurança e a rapidez do comércio jurídico[127].

Destarte, os atos praticados fora da capacidade societária[128], contrários ao seu fim lucrativo, são nulos,

[125] *Vide*, António Menezes Cordeiro, *Direito das Sociedades, Volume I*, *op. cit.*, pp. 326-332.

[126] Jorge Manuel Coutinho de abreu, *Curso... Volume II*, *op. cit.*, p. 183.

[127] Jorge Manuel Coutinho de abreu, *Curso... Volume II*, *op. cit.*, p. 183.

[128] Jorge Manuel Coutinho de abreu, *Curso... Volume II*, *op. cit.*, p. 186.

nos termos do disposto no artigo 160.º CC, conjugado com o artigo 294.º CC. Entre outros, encontrar-se-ão, em princípio, os atos gratuitos, porque alheios ao seu fim lucrativo onde, entre outros, se encontra a prestação de garantias intragrupo[129].

Para o que agora nos interessa, genericamente proíbe, através da consagração de uma presunção relativa, o artigo 6.º, n.º 3 CSC a concessão de garantias[130] de sociedades a terceiros, salvo **(i)** se existir justificado interesse próprio da sociedade garante ou **(ii)** se se tratar de sociedade em relação de domínio ou de grupo. Daqui deriva uma primeira questão que tange com a determinação do sentido da segunda parte deste número.

Ora, se numa interpretação, diríamos, literalística, se poderiam considerar igualmente lícitas as garantias prestadas quer *up*, quer *downstream*, quer

[129] No que diz respeito à capacidade de exercício, ou seja, à capacidade de atuação pessoal e livre na atuação no plano jurídico (por todos, *vide*, Luís A. Carvalho Fernandes, *Teoria Geral do Direito Civil, Volume I, Introdução, Pressupostos da Relação Jurídica*, 6.ª edição, Lisboa, Universidade Católica Portuguesa, 2012. p. 133), não nos debruçaremos sobre a questão. As pessoas coletivas (*maxime*, as sociedades comerciais) operam através dos competentes órgãos, através de nexos de organicidade (Sobre o assunto, *vide*, António Menezes Cordeiro, *Direito das Sociedades*, Volume I, Coimbra, Almedina, 4.ª edição, 2020, p. 341 e 342) cuja importância se reconduz à organização interna das mesmas.

[130] Prestadas a título gratuito. Assim, António Menezes Cordeiro, *Direito das Sociedades*, Volume I, *op. cit.*, pp. 333 e ss., Abreu, Coutinho, *Curso... Volume II, op. cit.*, p. 195 e Pedro Vieira de Castro, *op. cit.*, p. 310.

em sociedades as quais se encontrem em relação de (mero) domínio[131] ou de grupo, um olhar compreensivo sobre o regime das sociedades em relação de domínio parece indicar que, talvez, não deva o preceito ser compreendido com a abrangência que, à partida, parece sugerir. De facto, AA. vários[132] admitem a inaplicabilidade da referida presunção às garantias prestadas *up* e *sidestream* nas relações de domínio com o argumento de que quanto a estas vigora um regime cuja tutela se alheia do "interesse do grupo" por, quanto a estas, não vigorar um regime de coordenação para fins comuns, mas numa subordinação para fins (fundamentalmente) unilaterais[133].

Como refere Coutinho de Abreu[134], "o n.º 3 do artigo 6.º, ao permitir que uma sociedade preste garantias (gratuitas) a dívidas de outra sociedade

[131] Assim parece ir António Menezes Cordeiro, *Código das Sociedades Comerciais Anotado, op. cit.*, p. 92 defendendo que a previsão da norma se estenda aos grupos de facto. Assim também, Pedro de Albuquerque, *Assistência financeira nas sociedades comerciais, op. cit.*, p.143. *Vide*, a propósito, o Acórdão do STJ de 4 de abril de 2017 (Relator: Fonseca Ramos e disponível em: *www.dgsi.pt*) que considerou, à margem do *thema decidendum*, não permitir sequer a lei a prestação de garantias por sociedade dependente ou dominada a favor da sociedade dominante ou diretora, numa interpretação teleológica do segmento do artigo 6.º, n.º 3 CSC.

[132] Assim, Jorge Manuel Coutinho de Abreu, *Curso... Volume II, op. cit.*, p. 199 e Castro, Pedro Vieira de, *op. cit.*, p. 313.

[133] Jorge Manuel Coutinho de Abreu, *Curso... Volume II, op. cit.*, p. 199.

[134] Jorge Manuel Coutinho de Abreu, *Curso... Volume II, op. cit.*, p. 201.

que com aquela esteja em relação de domínio ou de grupo, há-de fazê-lo com fundamento na ideia de que a sociedade garante não descura com isso o seu próprio interesse e o interesse dos seus credores (dispensando então a lei a necessidade de se provar o "justificado interesse próprio da sociedade garante" para a afirmação da validade da garantia). Mas, já se vê, esta ideia não vale para toda e qualquer sociedade garante em relação de domínio ou de grupo, independentemente da sua posição nessas relações. *Vale, nas relações de domínio, para a sociedade dominante, não para a dependente*" (sublinhado nosso).

Os argumentos devem proceder porquanto a tutela concedida à sociedade-filha ou subordinada (essencialmente, o regime de responsabilidade para com os credores sociais e responsabilidade por perdas, previstos nos artigos 501.º e 502.º CSC) conjugada sobre os poderes juridicamente autorizados da dominante para com esta (essencialmente, o direito de dar instruções, mesmo que desvantajosas, previsto no artigo 503.º CSC) não chega perto da tutela conferida a sociedade dominada nos termos do artigo 486.º CSC.

Daqui resulta que o intérprete-aplicador do direito deverá proceder a uma interpretação *restritiva* do preceito previsto no artigo 6.º, n.º 3, *in fine* do CSC na medida em que não deverá admitir a presunção nele constante pela mera existência de uma relação de domínio, tal qual prevista no artigo 486.º CSC, quando se verifique a prestação de garantias *up* ou *sidestream*. Sem prejuízo, aderimos ao pensamento de que, apesar de não dispensada a demonstração de um justificado interesse próprio da sociedade dominada para que a garantia seja prestada sem vícios, a revelação de um grupo de facto é um indício da existência desse justificado interesse próprio[135].

Contempla, de facto, uma presunção[136] ilidível este n.º 3 do artigo 6.º do CSC, nos termos do qual, a prova do facto contrário (para o que nos interessa, da existência de uma relação de domínio ou de grupo com as citadas limitações) implica o refragar da consideração contrária ao fim da sociedade a prestação de garantias intragrupo. Nas relações de grupo jurídico, e uma vez constituída a garantia, cabe a quem invoque a nulidade do ato o ónus da prova de inexistência da relação de grupo[137], *maxime* a sociedade garante[138].

[135] Pedro Vieira de Castro, *op. cit.*, p. 355.

[136] Miguel Teixeira de Sousa, "O que realmente se estabelece no artigo 6.º, n.º 3, CSC", in Revista de Direito das Sociedades, Ano XI (2019), Número 1, p. 252.

[137] Diogo Costa Gonçalves, anotação ao artigo 6.º, em António Menezes Cordeiro, *Código das Sociedades Comerciais Anotado, op. cit.*, p. 122.

[138] Como nota Pedro de Albuquerque, "A vinculação das sociedades comerciais por garantia de dívidas de terceiro", Revista da Ordem dos Advogados, ano 55, II, p. 75, a circunstância de fazer recair sobre o destinatário da garantia, no nosso caso a instituição de crédito, a confirmação de que o ato seja conforme aos fins da sociedade consubstancia uma hipótese quimérica, na medida em que, em princípio, não terá a hipótese de avaliar o mérito do negócio sob o ponto de vista interno à garante.

Como dizíamos, perante a ideia geral de ilimitação da capacidade das sociedades[139-140], dúvidas não há em considerar admissível a prestação de garantias intragrupo, quer *upstream*, quer *downstream*[141] valendo, a este propósito, as limitações que atrás fizemos. Assim, se a sociedade garantida detiver participações da sociedade garante, independentemente da existência de influência dominante, aplicar-se-ão as restrições relacionadas com a conservação do capital[142], da responsabilidade dos administradores, da proibição de assistência financeira e, em suma, devendo ser submetida a um princípio de livre concorrência.

Adiante, e quanto a sociedades que se encontrem em relação de domínio total, subordinação ou em relação às quais tenha sido celebrado acordo de grupo paritário, as considerações tecidas a propósito do artigo 503.º, n.º 4, ou seja, a exigência da existência de uma justa contrapartida na transferência de

139 Ana Perestrelo de Oliveira, *Manual de Corporate Finance*, Coimbra, Almedina, 2015, p. 287.

140 Para uma leitura sobre a razão da sua existência, *vide*, Carlos Osório de Castro, "Da prestação de garantias por sociedades a dividas de outras entidades", Revista da Ordem dos Advogados, ano 56, 1996, pp. 567 e ss.

141 Sem prejuízo do reconhecimento de que, e em princípio, a prestação de garantias é contrária ao fim da sociedade. Para o efeito, *vide* Miguel Teixeira de Sousa, "O que realmente se estabelece no artigo 6.º, n.º 3, CSC", in Revista de Direito das Sociedades, Ano XI (2019), Número 1, p. 252.

142 Ana Perestrelo de Oliveira, *Manual de Corporate Finance*, Coimbra, Almedina, 2015, p. 288.

bens do ativo da filha para a mãe, aplicar-se-ão na medida em que através do *pooling* a sociedade subordinada transfira bens do seu ativo a outra sociedade do grupo. Será o caso da prestação de garantias reais e não das garantias pessoais pois, como bem refere Pedro Vieira de Castro[143], a prestação de garantias pessoais não opera, em si, qualquer alteração no valor dos ativos da sociedade, mas tão-só o seu cumprimento, ainda que através de execução coerciva.

Consequentemente, acompanhamos o A. anteriormente citado no sentido em que conclui que quando a dominante emite uma instrução à dominada para garantir pessoalmente uma dívida sua ou de outra sociedade do grupo, ainda que sem contrapartida para si (filha), não estaria a violar o regime do artigo 503.º, n.º 4[144]. Já no caso de serem emitidas instruções que vinculem a sociedade filha a prestar uma garantia real sem contrapartida, e em função da letra do artigo 504.º, n.º 2, ou serem as mesmas prestadas, conforme a teleologia defendida do n.º 4 do mesmo artigo, parece ser de admitir que a instrução não se encontre ferida de vícios se, em si mesma, for apta a servir os interesses da sociedade mãe ou de outra sociedade do grupo.

Compreendidos os termos em que, em geral, se admite no nosso ordenamento jurídico a prestação de garantias por sociedades as quais se encontrem

[143] Pedro Vieira de Castro, *op. cit.*, p. 320.

[144] Pedro Vieira de Castro, *op. cit.*, p. 320.

numa coligação societária, veremos algumas possíveis hipóteses que a prática, sobretudo administrativa-tributária, tem relacionado o tema com o nosso objeto de estudo.

3.1.4.2. O reforço qualitativo da probabilidade de satisfação do crédito

As formas de reforço qualitativo da probabilidade de satisfação do crédito são múltiplas e são as que determinam um teste decisivo aos direitos do credor em contexto de insolvência, que veremos adiante, e compreendem, em abstrato, tanto as garantias reais como o recurso à titularidade do direito como garantia[145]. A nossa análise, contudo, abrangerá apenas o estudo de uma particular garantia real, atenta a sua importância no tráfego: o penhor.

Especificamente no âmbito do *pooling*, o penhor de créditos foi já considerado em sede da jurisprudência arbitral tributária[146] como modalidade de garantia.

[145] Miguel Pestana de Vasconcelos, *Direito das Garantias*, 3.ª edição, Coimbra, Almedina, 2020, p. 31.

[146] Acórdão do CAAD, de 30 de janeiro de 2014 (Luís Menezes Leitão), in: *www.caad.org.pt*. Julgando liquidações de IRC cobradas sobre o mesmo sujeito passivo e relativas à mesma situação fáctica, considerou, contudo, o Acórdão do CAAD, de 24 de dezembro de 2012 (Jorge Lopes de Sousa) , in: *www.caad.org.pt* não dever a mesmíssima situação tratar-se da assunção de qualquer obrigação de garantia da prestação principal, referindo-se à constituição de um direito de caução prioritário, por uma entidade subordinada, face à instituição de crédito onde o *pooling* se havia estabelecido.

Concretamente, o CAAD considerou subsumir-se ao regime do penhor de créditos a situação em que uma sociedade dominada, através da constituição de um direito de caução prioritário para garantia do passivo, sobre os seus atuais e futuros créditos junto de instituição de crédito, decorrentes de ou em ligação de contas, impedisse a constituição de débitos (passivo) sobre os quais a *pooler* devesse liquidar.

Ora, o penhor, enquanto garantia real, e destinada ao aumento da probabilidade qualitativa da satisfação do crédito goza hoje de regulamentação extensa, a qual não pode ser estudada com a sua total amplitude no âmbito do regime base previsto no nosso Código Civil[147]. Naturalmente que, se de comerciantes tratarmos, aplicar-se-á àquela situação em que uma participante ceda em favor da instituição de crédito créditos seus atuais e futuros em benefício da *pooler*, o regime do penhor mercantil, regulado nos artigos 397.º a 402.º do CCom.

Deve notar-se contudo que, sendo garantia real, e logo implicando o reforço qualitativo da probabilidade de satisfação de um crédito, e conferindo ao credor pignoratício o direito de satisfação do seu crédito, com preferência sobre os demais sobre certa coisa móvel, ou pelo valor de créditos ou outros direitos não suscetíveis de hipoteca, a verdade é que quando a coisa empenhada pertença a terceiro, o aumento da

[147] Assim, Miguel Pestana de Vasconcelos, *Direito das Garantias*, *op. cit.* p. 258.

probabilidade da satisfação do crédito concorre com uma perspetiva quantitativa[148], na medida em que o terceiro não fosse já, em momento anterior, responsável pela dívida[149].

Admitimos neste contexto que o penhor de saldos de contas satélite dirigida à instituição de crédito se qualifique como um penhor de créditos (crédito ao capital[150] nos termos do artigo 666.º, n.º 3 CC) presentes e futuros (porque se vão constituindo[151]) em favor de terceiro (cfr. artigo 443.º do CC), devendo proceder-se à notificação do devedor (cfr. artigo 681.º, n.º 2 CC)[152] da prestação em garantia dos bens

148 Assim, MIGUEL PESTANA DE VASCONCELOS, *Direito das Garantias*, *op. cit.*, pp. 260.

149 No domínio dos grupos são várias as formas possíveis de se conjeturar tal situação, nomeadamente, a do sócio único de determinada sociedade que já seria responsável pelo pagamento das dívidas da sociedade, nos termos do artigo 501.º CSC. Fora dos grupos, o sócio de SQ que é responsável pelos credores da sociedade nos termos do artigo 198.º CSC, por exemplo.

150 MIGUEL PESTANA DE VASCONCELOS, *Direito das Garantias*, *op. cit.*, p. 261.

151 Consequentemente, a transferência do crédito ao credor pignoratício só opera quando o direito nasce. MIGUEL PESTANA DE VASCONCELOS, *Direito das Garantias*, *op. cit.*, p. 276.

152 Consequentemente, estariam fora do âmbito aqui tratado o penhor financeiro regulado no RJCGF (aprovado pelo Decreto-Lei n.º 105/2004, de 8 de maio) que ao abrigo do seu artigo 11.º carece do desapossamento dos bens nem sequer de penhor de conta bancária uma vez que não ocorre a correspondente afetação ou *imobilização* das disponibilidades líquidas (*rectius*, dos créditos) titulados pela participante no *pooling*. Assim foi também a interpretação do citado Acórdão do CAAD, sob o processo n.º 160/2013-T (LUÍS MENEZES LEITÃO).

sobre que esta incida – de que já a instituição de crédito, em princípio, seria depositária por virtude do contrato base de depósito com esta celebrado. Consequentemente, logo que o crédito empenhado se torne exigível, o credor pignoratício (a instituição de crédito) deve cobrá-lo passando o penhor a incidir sobre a coisa prestada em satisfação desse crédito, subrogando-se (ocorrendo uma sub-rogação real) o autor do penhor ao devedor do crédito garantido na satisfação dos créditos cobrados (nos termos conjugados dos artigos 685.º, n.º 1 e 606.º CC) ocorrendo a extinção do penhor[153].

Na situação em que uma sociedade subordinada empenhe os seus créditos, atuais ou futuros, e em ligação de contas, e verificando-se a situação de a *pooler* apresentar saldos deficitários, quererá, portanto, isso dizer que a subordinada se coloca numa posição de garante perante o incumprimento das obrigações da *pooler*, de cujo crédito pode a instituição de crédito satisfazer-se com o recurso aos saldos apresentados na sua conta satélite.

O regime do penhor dita ainda que o terceiro que constitua o penhor não pode eximir-se do cumprimento em substituição do devedor, a não ser que essa recusa (análoga ao benefício da excussão prévia do devedor) tenha sido convencionado atento o facto

[153] Admitimos a este respeito que o devedor, no âmbito do acordo de vontades, se exima à necessidade do cumprimento perante os dois credores, que o n.º 2 do artigo 685.º determina. Assim, MIGUEL PESTANA DE VASCONCELOS, *Direito das Garantias, op. cit.*, pp. 287 a 290.

de o penhor não ser uma garantia subsidiária e acessória. Ainda, o caso julgado que se verifique em relação ao devedor produz os seus efeitos relativamente a terceiro que tenha constituído o penhor, nos termos em que os produz em relação ao fiador[154], nos termos do artigo 717.º, n.º 1 e 2, para que remete o artigo 667.º, n.º 2. Note-se, no entanto, que nos termos em que o penhor de créditos se encontra regulado no nosso sistema jurídico, existirá sempre a proibição geral do pacto comissório, nos termos em que se encontra previsto no artigo 694.º do CC, *ex vi* artigo 678.º CC, sem prejuízo da venda do penhor prevista no artigo 401.º do CCom ou da sua cobrança nos termos do artigo 685.º CC.

3.1.4.3. O reforço quantitativo da probabilidade de satisfação do crédito

Contribui igualmente para uma compreensão do contrato como coenvolvendo a prestação de garantias a resposta da Administração Tributária ao Pedido de Informação Vinculativa sob o Processo n.º 2014003373[155]. O entendimento visado surgira no âmbito de um pedido de enquadramento tribu-

[154] Mário Júlio de Almeida Costa, *Direito das Obrigações*, Coimbra, Almedina, 12.ª edição, 2018, p. 924.

[155] Que mereceu Despacho concordante de 22 de maio de 2015 da Diretora-Geral da Autoridade Tributária e Aduaneira, in: *https://info.portaldasfinancas.gov.pt/pt/informacao_fiscal/informacoes_vinculativas/patrimonio/selo/Documents/IS_IV_8033.pdf.*

tário, e à luz do Imposto do Selo, de um contrato de *cash pooling* no âmbito do qual se havia convencionado serem as sociedades participantes responsáveis pelo cumprimento das suas próprias obrigações sendo, adicionalmente, a *pooler*, com cada uma das sociedades participantes, individualmente consideradas, solidariamente responsável pelo pagamento de qualquer responsabilidade ou penalidade, bem como pelo pagamento dos honorários relativos aos serviços financeiros prestados pela instituição de crédito.

No entendimento seguido pela Administração Tributária, argumenta-se que o cumprimento a título solidário assumido pela *pooler* propiciaria um reforço das possibilidades de a instituição de crédito não ver o seu crédito frustrado pelo incumprimento do devedor titular da relação faltosa, pois existiria mais um património a responder por esse eventual incumprimento, o qual, por via de regra, deteria maior solvabilidade do que aquele que a "afiliada" poderá revelar. Conclui, nesses termos, tratar-se de uma relação de fiança, sem o benefício da excussão prévia, do tipo fiança *omnibus* ou genérica, através da qual o garante afiança com o seu património um conjunto de dívidas do devedor presentes ou futuras que ainda não se encontram fixadas. Concorre para esta conclusão o facto de se tratar de uma garantia prestada de forma unilateral, i.e., não correspondida com a assunção de uma obrigação de idêntica natureza por parte da participante, sem um nexo de reciprocidade, o que escaparia ao regime da solidariedade passiva previsto, em termos genéricos, no artigo 512.º CC, entendimento este da requerente.

Como se vê, aqui tratou-se da qualificação de uma garantia prestada em sentido descendente, ou *downstream*, à qual não obsta a capacidade da sociedade garante a sua prestação visto existir justificado interesse próprio na entrada da participante no sistema, dando robustez aos meios de cumprimento das obrigações a que este obriga, sem prejuízo de se tratar de sociedade dominante ou de sociedades em grupo, tudo nos termos do artigo 6.º, n.º 3 CSC.

Ora, e independentemente do parecer que possa sugerir-se em relação àquela qualificação, temos que aquela instrução administrativa tem interesse, na medida em que nos aponta alguns métodos que podem ser seguidos pelas participantes no *pooling* com o objetivo de reforçar, quantitativamente, a tutela do seu crédito. Vejamos, pois, como podem a fiança e/ou a assunção solidária de dívida revelar-se instrumentos úteis na dinamização da posição financeira do grupo.

Nos termos do artigo 627.º CC, na fiança, um terceiro garante a satisfação do crédito, ficando pessoalmente obrigado perante o credor. A fiança é, simultaneamente, vínculo e tipo de contrato[156]. Na fiança, o credor não se limita a poder executar o património do devedor (cfr. artigo 601.º CC), mas

[156] João de Matos Antunes Varela, *Das Obrigações em Geral*, Volume I, Coimbra, Almedina, 10.ª edição 2000, p. 477.

igualmente o do fiador, se este não cumprir as obrigações daquele, uma vez verificados determinados pressupostos, sendo o mais notório dos mesmos a excussão prévia dos bens do devedor, nos termos do artigo 638.º CC (ainda que essa característica inexista quanto a obrigações comerciais, nos termos do artigo 110.º CCom, substituído pelo regime da solidariedade), instrumento do qual resulta o alargamento quantitativo da massa de bens responsáveis pela dívida[157]. A principal característica da fiança é, assim, a de somar à responsabilidade pelo cumprimento das obrigações um património[158] alheio à formação do vínculo obrigacional[159] originário. Para o que nos interessa neste ponto, refira-se que, através da fiança, podem ser garantidas obrigações presentes, futuras ou condicionais, nos termos do artigo 628.º, n.º 2. São, consequentemente, características da fiança a aces-

[157] Miguel Pestana de Vasconcelos, *Direito das Garantias, op. cit.*, pp. 87.

[158] A fiança tem a particularidade de determinar a sujeição de todo um património, e não de certo ou certos bens, à obrigação garantida. Nesta medida, conjugando a ideia de que a fiança se trata de um alargamento da massa patrimonial disponível e não resulta poder o credor satisfazer-se de forma privilegiada sobre um bem, este encontra-se na posição de credor comum. Assim, a solidez da fiança está dependente da extensão e solidez do património do fiador. Assim, Miguel Pestana de Vasconcelos, *Direito das Garantias, op. cit.*, pp. 87.

[159] Que, recordamos, é estruturalmente relativo. Por todos, *vide*, Luís Manuel Teles de Menezes Leitão, *Direito das Obrigações, Volume I, Introdução, da constituição das obrigações*, 15.ª edição, Coimbra, Almedina, 2018, pp. 93-97.

soriedade, nos termos do artigo 627.º, n.º 2 CC e a subsidiariedade, concretizada no artigo 638.º CC[160].

Um instrumento utilizado com frequência na conjugação de patrimónios na responsabilidade por dívidas é, também, o da solidariedade passiva, onde há *libera electio* por parte do credor. Contudo, ao contrário do que se passa na fiança, na solidariedade não estaremos perante uma dívida acessória de uma outra, mas da mesma dívida pela qual ambos condevedores são, na mesma medida, face ao credor, responsáveis[161].

Em solidariedade, todos os devedores são chamados ao cumprimento da *integralidade* da (mesma) prestação (artigo 512.º, n.º 1 CC), podendo, contudo, aqueles encontrar-se obrigados de forma diversa (artigo 512.º, n.º 2 CC). Nestes casos, a instituição de crédito será titular de direitos de crédito diversos sobre diversos devedores podendo, quanto a determinadas prestações, ou seja, quanto ao direito de recebimento de determinadas disponibilidades por parte de participantes, a *pooler* ou outro aderente assumir-se devedora a título solidário, tratando-se de uma obrigação singular, a qual convencionalmente se tratou de tornar solidária, com a convenção acessória da condição.

Ainda que a qualificação sugerida naquele enquadramento tributário possa ser debatida, entendemos

160 Miguel Pestana de Vasconcelos, *Direito das Garantias, op. cit.*, pp. 89 e 90.

161 Miguel Pestana de Vasconcelos, *Direito das Garantias, op. cit.*, p. 201.

que a *pooler* pode livremente constituir-se fiadora perante determinada participante, ou o seu contrário. Nesse caso pode bem pensar dar-se a constituição de uma fiança geral ou *omnibus*, na medida em que o fiador garantirá um conjunto de dívidas, presentes ou futuras, que não se encontrem imediatamente fixadas[162].

Na mesma medida, a solidariedade passiva afigura-se um instrumento utilíssimo no âmbito das garantias pessoais, as quais visam aumentar a probabilidade quantitativa da satisfação do crédito[163].

Por último, e quando tratamos especificamente da prestação de garantias no âmbito dos grupos de direito, há que atender à letra do artigo 501.º CSC[164], aplicável à generalidade dos grupos de direito, ora diretamente (por grupos constituídos por contrato de subordinação), ora indiretamente (e mormente,

[162] Miguel Pestana de Vasconcelos, *Direito das Garantias, op. cit.*, p. 103.

[163] No específico contexto do *cash pooling*, Simão Mendes de Sousa, "O contrato de cash-pooling e a business judgment rule", *op. cit.*, p. 385.

[164] A letra do artigo 501.º CSC tem como base, e parece ter sido recebida no nosso ordenamento jurídico através da Proposta de 9.ª Diretiva do Direito das Sociedades cuja inspiração fora o § 322 AktG Alemão. Para uma leitura (traduzida) dos preceitos *vide*, António Menezes Cordeiro, "A responsabilidade da sociedade com domínio total (501.°/1, do CSC) e o seu âmbito", in Revista de Direito das Sociedades, III (2011), Número 1, p. 95 e também Ana Perestrelo de Oliveira, anotação ao artigo 501.º, em António Menezes Cordeiro (Coordenação) *Código das Sociedades Comerciais anotado, op. cit.*, pp. 1642 a 1644.

para os grupos de direito constituídos por domínio total *ex vi* artigo 491.º, aos quais dirigimos a nossa atenção especial).

O artigo 501.º CSC confere a responsabilidade da sociedade diretora ou dominante para com os credores da sociedade subordinada ou dominada por dívidas constituídas antes ou depois da celebração do contrato de subordinação ou da constituição do grupo, até ao termo deste, refere-nos o n.º 1.

Nesta medida, encontramo-nos perante um feito legislativo o qual, por virtude da existência da relação de grupo, afasta a principal consequência da existência jurídica autónoma de diversas sociedades: a limitação (externa) da responsabilidade[165] pelas dívidas contraídas[166]. Essa responsabilidade, contudo, não pode ser exigida antes de decorridos 30 dias sobre

165 Assim, Ana Perestrelo de Oliveira, *Manual de Grupos ...*, *op. cit.*, p. 214.

166 Sobre este ponto, deve referir-se que, na linha do que vem sendo defendido genericamente pela doutrina nacional, o limite da responsabilidade da sociedade dominante pelos atos da sociedade dominada não se encontra limitado aos atos daquela independentemente da natureza ou da fonte (*maxime*, negocial) excetuando-se apenas a responsabilidade criminal (nos termos do artigo 30.º, n.º 3 CRP e 11.º e 90.º-A co Código Penal). Assim, José A. Engrácia Antunes, *Os Grupos ...*, *op. cit.*, pp. 802 e ss. e Jorge Manuel Coutinho de Abreu (Coordenação), *Código das Sociedades Comerciais ...*, Volume VII, *op. cit.*, pp. 266 e 267. Trata-se, portanto, de uma responsabilidade objetiva. Assim, Manuel Januário da Costa Gomes, "A sociedade com domínio total como garante. Breves notas", in Revista de Direito das Sociedades, I (2009), p. 875. Contra: António Menezes Cordeiro, "A responsabilidade da sociedade com domínio total (501.º/1, do CSC)

a constituição em mora da sociedade subordinada, determina o n.º 2. Tendo em conta a situação de responsabilidade a que a sociedade com domínio total ou diretora é acometida, a respetiva natureza jurídica tem sido tema de debate doutrinal.

Como refere Januário da Costa Gomes[167], a questão da natureza jurídica da responsabilidade da sociedade dominante pelo cumprimento das obrigações da sociedade dominada tem sido objeto de atenção doutrinária a qual propende para a qualificação da mesma como *solidária* com a dominada, havendo, depois, divergências, que se centram quanto ao tipo de solidariedade aqui em questão: se pura, imprópria ou *sui generis*[168]. De facto, a maior parte dos AA. tem vindo a identificar a responsabilidade consagrada no artigo 501.º CSC como uma solidariedade passiva com a especificidade de a responsabilidade da sociedade dominante ou diretora não poder ser exigida antes de decorridos 30 dias sobre a constituição em mora da sociedade subordinada, nos termos do

e o seu âmbito", *op. cit.*, pp. 101 e 102, nota 47, para quem terão de estar em causa débitos fungíveis normalmente em dinheiro.

[167] Manuel Januário da Costa Gomes, "A sociedade com domínio total como garante...", *op. cit.*, pp. 866 e 868.

[168] Assim, *vide* José A. Engrácia Antunes, *Os Grupos ...*, *op. cit.*, p. 798 a 806, para quem esta responsabilidade se configura primariamente como uma responsabilidade solidária sem prejuízo de ter o legislador estabelecido a este respeito uma condição ou termo especial relativamente ao momento da sua exigibilidade a um dos condevedores.

artigo 501.º, n.º 2 CSC[169]. A posição tem, contudo, sido alvo de críticas que sustentam ser a responsabilidade da sociedade dominante acessória.

Para tal consideração, em primeiro lugar, julga-se inócua a intervenção do legislador no n.º 3 do artigo 501.º CSC de acordo com o qual não pode mover-se execução contra a sociedade diretora com base em título exequível contra a sociedade subordinada[170] por respeitar a uma expressão própria processual civil e já não substantiva. Depois, refere-se que o legislador não qualificou expressamente o tipo de responsabilidade aqui em questão como sendo solidária ou acessória sem prejuízo de o ter feito noutros lugares do CSC[171] e, decisivamente, que o regime ora exposto resulta na existência cumulativa de uma *dívida principal* e numa *dívida secundária* justificada pela extensão ao putativo devedor secundário dos meios de defesa do devedor principal que, nos termos do artigo 637.º, n.º 1 CC (aplicável à fiança, enquanto garantia pessoal

[169] Neste sentido, *vide* o Acórdão do STJ de 31 de maio de 2005 (Fernandes Magalhães e disponível em *www.dgsi.pt*) que acompanhou expressamente a posição de José Engrácia Antunes já exposta.

[170] Que, de resto, é objeto de múltiplas críticas, sem prejuízo de se tratar da consideração, na lei das sociedades comerciais, de princípios próprios do direito processual civil executivo. Assim, Manuel Januário da Costa Gomes, "A sociedade com domínio total como garante ...", *op. cit.*, pp. 869 e 870, nota 14, que chega a referir que o regime exposto no artigo 501.º, n.º 3 CSC consiste no retirar, pela "mão processual", aquilo que a "mão substantiva" dera no artigo 501.º, n.º 1 CSC.

[171] Manuel Januário da Costa Gomes, "A sociedade com domínio total como garante ...", *op. cit.*, pp. 870 e ss..

por excelência), são os mesmos que assistem ao devedor principal[172].

Em nosso ver, e independentemente da posição que se tome na querela, limitamo-nos a assinalar que a posição de garante da sociedade dominante, nos grupos de direito, sempre será um fator a ter em consideração na implementação de um *pooling*.

Mais importante, contudo, a nosso ver, é a justificação da própria figura, que entendemos cumprir um propósito de levantamento da personalidade jurídica da dominada, contribuindo para a relevância jurídica da existência de um grupo de sociedades e, mais, visa repor uma adequada repartição dos riscos e das responsabilidades no grupo cujas exigências a boa fé exprime[173-174].

[172] Manuel Januário da Costa Gomes, "A sociedade com domínio total como garante ...", *op. cit.*, pp. 876 e ss..

[173] Ana Perestrelo de Oliveira, *Manual de Grupos ...*, *op. cit.*, p. 214 seguindo António Menezes Cordeiro, *O levantamento da personalidade colectiva no direito civil e comercial*, Coimbra, Almedina, 2000, pp. 81 e ss..

[174] Claro que, aplicando-se o artigo 501.º CSC às sociedades as quais celebraram um contrato de subordinação, a justificação pode não apresentar-se cabal pela inexistência de participações cruzadas (logo, inexistindo barreira – personalidade coletiva – jurídica a qual deva ser levantada), sendo a crítica que Jorge Manuel Coutinho de Abreu, *Código das Sociedades Comerciais ...*, Volume VII, *op. cit.*, p. 270 levanta a respeito da justificação oferecida. De todo o modo, recordamos que a tipicidade do contrato de subordinação é meramente legal e não social, fundamentalmente por se tratar de um tipo legal de contrato cuja tipificação resulta da receção de sistemas estrangeiros sem tra-

Por último, ainda, deve salientar-se que, cumprindo a sociedade dominante a obrigação perante os credores sociais da dominada, fica esta sub-rogada nos direitos dos credores daquela[175], a qual se submeterá ao regime geral do artigo 606.º CC. Em nosso ver, este facto corresponde a um fenómeno de restauração dos limites da personalidade coletiva mas já no seio do grupo, resultando numa internalização da responsabilidade patrimonial dos entes individualmente considerados, assim se conseguindo tutela adequada aos credores sociais[176].

dição na ordem jurídica em que foi legislada. Assim, PEDRO PAIS DE VASCONCELOS, *Contratos Atípicos*, Coimbra, Almedina, 1995, p. 60.

175 Assim também, ANA PERESTRELO DE OLIVEIRA, *Manual de Grupos ...*, *op. cit.*, p. 211.

176 MANUEL JANUÁRIO DA COSTA GOMES, "A sociedade com domínio total como garante ...", *op. cit.*, p. 879.

4. O *cash pooling* na disciplina insolvencial

Através da centralização de saldos do grupo numa só entidade, o *cash pooling* promoverá, em certo sentido, uma despatrimonialização imediata das entidades individuais do grupo.

Sob o ponto de vista do direito insolvencial, colocam-se interrogações complexas sobre que tratamento devem merecer ora os fluxos financeiros ascendentes e descendentes que se estabelecem entre a *pooler* e as participantes, enquanto empréstimos, ora as garantias concedidas por aquelas entidades à instituição de crédito na eventualidade de uma das participantes se considerar em situação de insolvência à qual deva apresentar-se, nos termos e para os efeitos conjugados dos artigos 3.º, n.ºs 1 a 3 e 18.º, n.º 1 CIRE.

Compreende-se que o tratamento da matéria dos efeitos do direito insolvencial convoque a resposta a três pontos fundamentais, a saber: **i)** da manutenção dos acordos pela declaração de insolvência (ou, se se preferir, os efeitos da declaração de insolvência sobre os negócios em curso); **(ii)** a graduação dos créditos emergentes dos acordos sobre a sociedade insolvente; e **(iii)** da admissibilidade da resolução em benefício da massa insolvente dos atos praticados no âmbito do *pooling*.

Deve, contudo, fazer-se uma primeira nota quanto à temática geral do tratamento no âmbito da disciplina do direito insolvencial dos contratos de *cash pooling*. É que o nosso legislador criou um sistema alternativo à declaração de insolvência, visando a reestruturação da sociedade, evitando a respetiva liquidação, enquanto finalidade do processo de insolvência, nos termos do n.º 1 do artigo 1.º CIRE. Encontrando-se em situação económica difícil ou de insolvência meramente iminente, a *empresa* pode recorrer ao Processo Especial de Revitalização ("PER"), de acordo com o previsto nos artigos 17.º-A a 17.º-I CIRE (até 31 de dezembro de 2018, também ao Sistema de Recuperação de Empresas por Via Extrajudicial, entretanto revogado), conduzindo-se à respetiva revitalização e recuperação, se esta for viável[177] (Cfr. o n.º 1 do artigo 17.º-A CIRE).

Ainda, e com vista à utilização de meios sucedâneos à declaração de insolvência salienta-se o PEVE, instituído ao abrigo da Lei n.º 75/2020, de 27 de novembro, o qual visa a criação de um regime excecional e temporário de promoção da recuperação de

[177] Paulo Olavo Cunha, "Os empréstimos intragrupo...", *op. cit.*, p. 357.

empresas atingidas pelas restrições à atividade económica implementadas na sequência do surto da pandemia provocada pelo vírus SARS-CoV-2 e da doença COVID-19. Para efeitos da proteção dos mecanismos de financiamento interno das sociedades, salientam-se as medidas instituídas ao abrigo dos artigos 3.º, 11.º, n.º 2 e 12.º da referida Lei n.º 75/2020.

Assim, o artigo 3.º, em conformidade com o artigo 1.º, alínea b), ambos da Lei n.º 75/2020, concedeu aos sócios, acionistas ou quaisquer outras pessoas especialmente relacionadas com a empresa em situação económica difícil, que no âmbito do PER financiem a sua atividade, concedendo-lhe capital para a sua revitalização, um privilégio creditório mobiliário geral, graduado antes do privilégio creditório mobiliário geral concedido aos trabalhadores, nos termos do artigo 17.º-H, n.º 2 CIRE. Ora, a introdução desta medida contrasta com o regime geral do PER, onde se excluem os sócios que concedem crédito através de suprimentos (ou outros mecanismos de financiamento como, por exemplo, *downstream loans*). Sendo os seus créditos subordinados numa eventual futura insolvência, não poderiam adquirir a posição de credores garantidos, por terem sido concedidos no quadro do PER, mesmo para financiar a recuperação do devedor[178].

[178] Miguel Pestana de Vasconcelos, "O novo processo extraordinário de viabilização de empresas (PEVE). Análise e proposta de reforma.", Revista de Direito Comercial, 2020 (in: *https://www.revis-*

A mesma regra é aplicável aos financiamentos dos sócios e de outras pessoas especialmente relacionadas no âmbito do PEVE, nos termos do seu artigo 11.º, n.º 2[179].

Particularmente contrastante com o regime previsto nos artigos 120.º e 121.º CIRE, e como forma de incentivar o financiamento das sociedades, destaca-se o artigo 12.º da Lei n.º 75/2020 que considera insuscetíveis de resolução em benefício da massa insolvente os negócios jurídicos que hajam compreendido a efetiva disponibilização à empresa de novos créditos pecuniários, incluindo sob a forma de diferimento de pagamento, e a constituição, por esta, de garantias respeitantes a tais créditos pecuniários, desde que os negócios jurídicos hajam sido expressamente previstos no acordo de viabilização, com a limitação de a respetiva utilização se dar em benefício da entidade financiadora ou de entidade que com esta esteja especialmente relacionada (proibindo o *roll over* de créditos[180]) nos termos do artigo 12.º, n.º 2 da Lei n.º 75/2020.

tadedireitocomercial.com/o-novo-processo-extraordinario-de-viabilizacao--de-empresas-peve-analise-e-proposta-de-reforma), p. 2109.

179 Catarina Serra, "O Processo Extraordinário de Viabilização de Empresas (PEVE) e outras medidas da Lei n. º75/2020", Revista de Direito Comercial, 2020 (in: *https://www.revistadedireitocomercial.com/o-processo-extraordinario-de-viabilizacao-de-empresas-peve-e-outras--medidas-da-lei-n-75/2020*), p. 2092.

180 Miguel Pestana de Vasconcelos, "O novo processo extraordinário de viabilização de empresas (PEVE). Análise e proposta de reforma.", *op. cit.*, p. 2128.

À parte do regime ora exposto, e o qual se prevê que a respetiva vigência seja limitada até 30 de junho de 2023 (cfr. artigo 2.º do Decreto-Lei n.º 92/2021, de 8 de novembro), quando uma sociedade comercial se encontra em dificuldades que comprometem a sua subsistência a ponto de se encontrar na iminência ou em situação de não honrar os seus compromissos, os respetivos órgãos de administração têm a obrigação de a apresentar à insolvência (cfr. artigo 18.º, n.º 1 CIRE)[181].

4.1. A declaração de insolvência e a manutenção dos acordos *cash pool*

Declarada, por via de sentença, a insolvência de uma das entidades integrantes do *pooling*, importa apontar os seus efeitos sobre os negócios em curso.

Conforme referimos quando abordámos a natureza jurídica do *cash pool*, a qual reconduzimos à estrutura de um contrato-quadro, referimos que o elemento centralizador da gestão de tesouraria integrada do grupo se processa através da convenção acessória de conta corrente, nos termos do artigo 344.º CCom, sendo o instrumento jurídico através do qual a *pooler* contabiliza e compensa (i.e., credita e debita) os fluxos de financiamento ascendentes e

[181] Neste ponto seguimos de perto Paulo Olavo Cunha, "Os empréstimos intragrupo...", *op. cit.*, pp. 357 a 360.

descendentes, com vista ao apuramento de um saldo global de débitos e créditos ("deve" e "há-de-haver" nos dizeres do CCom).

Ora, em princípio, fica na dependência do administrador de insolvência (nomeado nos termos do artigo 52.º CIRE) a execução dos negócios cujo cumprimento à data da declaração de insolvência não tenha sido ainda total, que decidirá do seu cumprimento ou da sua recusa, nos termos do artigo 55.º, n.º 1, alínea b) CIRE e que, até esse momento, ficam suspensos, nos termos do artigo 102.º CIRE, subtraindo-se[182] ou privando-se o devedor dos poderes de administração e de disposição dos bens integrantes da massa insolvente[183] (cfr. artigo 81.º, n.º 1 CIRE), o que sucederá à generalidade dos negócios em curso.

Contudo, e uma vez que o CIRE contém uma regra segundo a qual a declaração de insolvência afeta os contratos de conta corrente do insolvente, implicando o respetivo encerramento (artigo 116.º, conjugado

[182] Assim, Luís Manuel Teles de Menezes Leitão, *Direito da Insolvência ..., op. cit.*, p. 119.

[183] Sendo o processo de insolvência um processo de execução universal ou concursal, visando a liquidação da integralidade do património do devedor, a massa insolvente compreenderá todo o património do devedor à data da declaração de insolvência, bem como os direitos que ele adquira na pendência do processo sem prejuízo da existência de bens isentos da penhora (assim, bens cuja impenhorabilidade seja absoluta, ou determinados bens cuja impenhorabilidade seja relativa), nos termos do artigo 46.º CIRE.

com o n.º 1 do artigo 102.º do CIRE)[184], parece que a declaração de insolvência implicará o termo dos respetivos contratos *cash pool*, com o encerramento das respetivas contas[185].

De facto, só com o encerramento das contas correntes (e com a eventual operação de compensação de créditos recíprocos nos termos do artigo 99.º CIRE, se admissível) se poderá determinar a exata posição da insolvente como credor ou devedor da outra parte (seja a *pooler* ou outra entidade do grupo), o qual só se pode determinar através do exame do saldo da conta, sendo apenas este exigível (cfr. artigo 346.º, n.º 4 CCom)[186].

Compreende-se, nestes termos, que quando uma das participantes seja declarada insolvente, devam as respetivas contas correntes ser encerradas fixando invariavelmente o estado das relações jurídicas das partes (cfr., para o efeito, o artigo 350.º do CCom) determinando-se a existência de deves (débitos) ou haveres (créditos) da insolvente perante a *pooler*. Se se verificar a existência de créditos, os mesmos integrarão a massa insolvente que servirão a satisfação dos direitos dos credores e se, pelo contrário, se verificar a existência de débitos, a disciplina prevista no

[184] Paulo Olavo Cunha, "Os empréstimos intragrupo...", *op. cit.*, p. 358.

[185] Luís Manuel Teles de Menezes Leitão, *Direito da Insolvência ...*, *op. cit.*, pp. 224.

[186] Luís Manuel Teles de Menezes Leitão, *Direito da Insolvência ...*, *op. cit.*, pp. 224.

artigo 91.º, n.º 1 CIRE determinará o vencimento desses mesmos créditos[187] e os seus titulares ocuparão a posição de credores da insolvência, nos termos que veremos de seguida.

4.2. A graduação de créditos da sociedade insolvente

A compreensão da graduação dos créditos da sociedade insolvente no âmbito do *pooling* importará a distinção entre os créditos intragrupo e aqueles cujo credor seja a instituição de crédito.

Quanto aos primeiros, e conforme Paulo Olavo Cunha, "a contrapartida da licitude dos empréstimos intragrupo e a sua admissibilidade reside no *desfavorecimento* e *desqualificação* a que tais créditos

[187] Nos termos do artigo 91.º, n.º 2 do CIRE os juros continuam a contar-se. Nota-se que para Luís Menezes Leitão (*apud* João Labareda e Luís A. Carvalho Fernandes, anotação ao artigo 196.º, *Código da insolvência e da recuperação de empresas anotado*, Lisboa, Quid Juris, 2015, 3.ª edição, p. 494), dá-se uma incongruência do sistema porquanto seria incompatível o termo da conta corrente e a continuação da contagem de juros. *De jure condendo*, admitimos que sobre os negócios de conta corrente deveria, à semelhança do previsto no artigo 152 da Ley Concursal, a contagem dos respetivos juros ser suspensa por virtude da declaração de insolvência (com a exceção de créditos laborais e créditos que beneficiem de garantia real). Contudo, de *jure constituto*, a solução será a da cessação de vigência do contrato por virtude do termo com o correspondente prolongamento do juro devido pela parte insolvente se se apurarem débitos com a correspondente subordinação nos termos da alínea b) do artigo 48.º CIRE.

estão sujeitos, pela natureza de créditos *subordinados*, reconduzidos ao regime dos suprimentos"[188-189] (itálico nosso).

A subordinação dos créditos emergentes de empréstimos efetuados intragrupo é, no espaço jurídico europeu, genericamente admitida[190]. À mesma solução chegará o ordenamento jurídico falimentar

[188] PAULO OLAVO CUNHA, "Os empréstimos intragrupo...", *op. cit.*, p. 351.

[189] Não se ignora a possibilidade de no âmbito do nosso objeto de estudo se suscitarem outros efeitos derivados da declaração de insolvência, *maxime* os previstos no artigo 186.º CIRE atinentes à insolvência culposa. De acordo com MARIA DE FÁTIMA RIBEIRO, "Insolvência, pessoas especialmente relacionadas, resolução em benefício da massa insolvente e subordinação de créditos", in IV Congresso Direito das Sociedades em Revista, Coimbra, Almedina 2016, p. 84, "nos termos do disposto no artigo 186.º, n.ºs 1 e 2, alínea b), CIRE, a insolvência é culposa quando a situação tiver sido criada ou agravada em consequência da atuação, dolosa ou com culpa grave, do devedor, ou dos seus administradores, de direito ou de facto, nos três anos anteriores ao início do processo de insolvência; considera-se sempre culposa a insolvência do devedor que não seja uma pessoa singular quando os seus administradores, de direito ou de facto, tenham criado ou agravado artificialmente passivos ou prejuízos, ou reduzido lucros, causando, nomeadamente, a celebração pelo devedor de negócios ruinosos em seu proveito ou no de pessoas com eles especialmente relacionadas. Se a insolvência for qualificada como culposa, o juiz deverá identificar as pessoas afetadas por essa qualificação e sujeitá-las às consequências estabelecidas nas diversas alíneas do nº 2 do artigo 189º, de entre as quais se destaca a condenação das pessoas afetadas "a indemnizarem os credores do devedor declarado insolvente no montante dos créditos não satisfeitos, até às forças dos respetivos patrimónios, sendo solidária tal responsabilidade entre todos os afetados"".

[190] MÓNICA FUENTES NAHARRO, *op. cit.*, p. 252.

português, determinando-se que os créditos constituídos ao abrigo de um sistema *cash pooling* geram dívida subordinada, nos termos do artigo 48.º, al. a) CIRE[191], porquanto detidos por pessoas especialmente relacionadas com o devedor, nos termos da al. b) do n.º 2 do artigo 49.º CIRE, tratando-se de sociedades em relação de domínio ou de grupo nos termos do artigo 21.º do CVM[192], sendo a sua principal consequência o de serem graduados depois dos restantes créditos sobre a insolvência nos termos conjugados dos artigos 47.º, n.º 4, alínea b) e 177.º, n.º 1 CIRE.

191 Mesmo os contraídos por virtude do *cash pooling* teórico (carecidos de substância ou materialidade), como bem nota Paulo Olavo Cunha, *op. cit.*, pp. 358. Assim também Luís Manuel Teles de Menezes Leitão, *Código da Insolvência e da Recuperação de Empresas – Anotado*, Coimbra, Almedina, 11.ª edição, 2021, p. 134 anotação ao artigo 48.º.

192 Note-se que a previsão da alínea b) do n.º 2 do artigo 49.º CIRE encerra importantes extensões à identificação da relação de domínio ou de grupo, com a sua remissão ao artigo 21.º CVM. Salienta-se, para os efeitos que nos aqui interessam, que a regra abrange os sócios (também pessoas singulares) que, pelas circunstâncias da sua posição societária, possam exercer influência dominante sobre a sociedade e que, por outro lado, se desconsidera o local do domicílio ou sede do(a) dominante, ao contrário do que resulta do artigo 481.º, n.ºs 1 e 2 CSC. Assim, João Labareda e Luís A. Carvalho Fernandes, anotação ao artigo 21.º, *Código da insolvência e da recuperação de empresas anotado, op. cit.*, p. 303. Sobre a aproximação deste conceito com o constante do conceito de domínio existente no artigo 2.º-A, al. ff) do RGICSF, Paulo Câmara, *Manual de Direito dos Valores Mobiliários*, Coimbra, Almedina, 4.ª edição, 2018, p. 757, e ainda Paulo Câmara, "O Governo dos Grupos Bancários", in Estudos de Direito Bancário, Faculdade de Direito da Universidade de Lisboa, Coimbra, Coimbra Editora, 1999, pp. 142 e ss..

Consequentemente, o seu pagamento ocorrerá só depois de terem sido integralmente pagos os credores comuns. A partir do momento em que a massa insolvente se torne insuficiente para cobrir os créditos subordinados será efetuado o rateio entre os respetivos titulares[193], nos termos do artigo 182.º CIRE.

Nestes termos, e na medida em que através do exame do saldo da conta corrente que a insolvente detém com as outras entidades (nomeadamente, a *pooler*) se chegar à conclusão da existência de saldos devedores, determinar-se-á que os correspondentes credores ocuparão a cauda na hierarquia do pagamento.

Cumpre referir, adicionalmente, que, e na medida em que os créditos sobre a insolvência emergentes do contrato devam ser graduados como subordinados, e ainda que constituídos com anterioridade à declaração de insolvência, a compensação daqueles com dívidas à massa fica, nos termos do artigo 99.º, n.º 1 al. d) CIRE, prejudicada[194-195]. Ora, precisamente

[193] Luís Manuel Teles de Menezes Leitão, *Direito da Insolvência, op. cit.*, p. 277.

[194] Trata-se de uma inovação do atual CIRE face ao Código dos Processos Especiais de Recuperação da Empresa e de Falência, cujo artigo 153.º determinava sempre a perda da faculdade de os credores do falido compensarem os seus débitos para com este (a propósito, João Labareda e Luís A. Carvalho Fernandes, anotação ao artigo 99.º, *Código da insolvência e da recuperação de empresas anotado, op. cit.*, p. 455).

[195] Em ordenamentos jurídicos que nos são próximos, como o espanhol, foi já sugerida a possibilidade da compensação de créditos no âmbito de acordos *cash pool*, cujo artigo 153.º da respetiva Ley

porque àqueles créditos lhes fora relegado o último lugar na hierarquia da sua satisfação, não faria sentido que fosse permitida a utilização de um expediente cuja finalidade seria a atribuição de uma causa de preferência no pagamento dos créditos pelo valor dos bens integrados no património do devedor, à revelia do princípio da igualdade dos credores, genericamente consagrado no artigo 604.º CC[196].

Já quanto aos créditos cujo titular seja instituição de crédito, e nomeadamente àqueles que beneficiem de garantias reais ou "qualitativas" (como vimos, por exemplo, o penhor), na graduação dos mesmos haverá que distinguir-se duas situações: uma primeira, atinente à prestação de garantias por parte de uma entidade participante dirigida a terceiro para garantia da sua posição financeira, (desde logo, como vimos, o penhor de contas satélites em benefício da *pooler*) e,

Concursal admite a compensação de créditos que existissem com anterioridade à declaração de insolvência. Para tanto, *vide* Mónica Naharro Fuentes, *op. cit.*, p. 253, referindo-se, contudo, ao artigo 58.º, na versão anterior ao texto refundido da Ley Concursal e Borja García-Alamán de la Calle, *Efectos de la declaración del concurso sobre las relaciones jurídico-privadas del deudor*, em Luís Fernandéz de la Gándara e Manuel Mª Sánchez Álvarez (Coordenação), *Comentários a la Ley Concursal*, Madrid/Barcelona: Marcial Pons, 2004, pp. 257 e 258.

196 Salienta-se, para o efeito, que, além de instituto insolvencial e processual, a compensação é um instrumento particularmente sólido na tutela do credor na medida em que permite, em plena fase insolvencial a recuperação do que a este lhe seja devido (assim, Miguel Pestana de Vasconcelos, *Direito das Garantias*, *op. cit.*, pp. 675 e 676).

uma segunda, atinente às garantias prestadas com a finalidade de sustentar a sua própria posição.

Ora, enquanto que no primeiro caso parece fazer sentido que, e sem prejuízo de outras circunstâncias as quais possam determinar a existência de créditos sobre a insolvência, a instituição de crédito não seja sequer credora da insolvência, uma vez que o crédito sobre o qual a instituição de crédito seja titular não beneficia de garantia real, nos termos da alínea a), do n.º 4 do artigo 47.º CIRE[197] já no segundo caso parece que seja a instituição de crédito titular de créditos garantidos da insolvência na medida em que o seu crédito beneficie de garantia real, devendo, na ordem do rateio dos credores ocupar lugar cimeiro, nos termos, também, da alínea a), do n.º 2 do artigo 47.º e artigo 174.º, todos do CIRE.

4.3. A resolução em benefício da massa insolvente dos atos executados no âmbito do *pooling*

À parte da classificação dos créditos decorrentes da execução dos acordos em questão encontra-se a importante questão de saber se é admissível serem destruídos em benefício da massa insolvente os atos executados no âmbito do *pooling* (compreendendo quer os empréstimos, quer as garantias concedidas),

[197] Sobre o assunto, *vide* o Acórdão do Tribunal da Relação de Évora, de 16 de fevereiro de 2012 (João Gonçalves Marques), in *www.dgsi.pt*.

importando analisar o instituto da resolução em benefício da massa insolvente, disposto nos artigos 120.º e ss. CIRE.

O instituto, de resto e como se sabe, visa a satisfação igualitária dos credores (a *par conditium creditorum*) pela destruição dos efeitos de determinados negócios praticados pelo devedor em "período suspeito"[198] anterior à declaração de insolvência que visassem conceder vantagens especiais a determinados credores, diluindo assim a garantia patrimonial do insolvente: o objetivo é, portanto, assegurar que o património que vai satisfazer os seus créditos é aquele que existiria se não tivessem sido praticados aqueles atos[199]. Ora, os efeitos da aplicação do instituto distinguem-se em requisitos de natureza geral, constantes do artigo 120.º CIRE, e que podemos identificar como requisitos de resolução condicional[200] e requisitos de natureza específica, a que a lei trata por resolução incondicional (artigo 121.º), ou seja, *sem dependência de quaisquer outros requisitos* estabelecendo o legislador no n.º 3 do artigo 120.º CIRE presunção *iuris et*

[198] Luís Manuel Teles de Menezes Leitão, *Direito da Insolvência, op. cit.*, p. 227.

[199] Maria de Fátima Ribeiro, "Insolvência, pessoas especialmente relacionadas, resolução em benefício da massa insolvente e subordinação de créditos", *op. cit.*, 105.

[200] João Labareda e Luís A. Carvalho Fernandes, anotação ao artigo 120.º, *Código da insolvência e da recuperação de empresas anotado, op. cit.*, p. 500.

de iure[201] *de prejudicialidade face à massa insolvente destes atos.*

4.3.1. O mecanismo da resolução incondicional

Operada (por via de carta registada e pelo administrador da insolvência, nos termos do artigo 123.º CIRE), a resolução faz cessar, retroativamente, os efeitos do ato praticado em prejuízo da massa[202], surgindo uma relação de liquidação, nos termos da qual se determina a restituição das prestações já realizadas. Em consequência, a insolvente deve restituir à massa os bens e valores objeto da resolução dentro do prazo fixado na sentença (artigo 126.º, n.º 3 CIRE)[203].

À questão de saber se os fluxos financeiros decorrentes de empréstimos intragrupo, no âmbito do

201 Nos termos e para os efeitos do artigo 350.º, n.º 1 CC. A compaginação da previsão do artigo 120.º, n.º 3 CIRE enquanto presunção irrefragável é, de resto, admitida genericamente no nosso espaço jurídico. *Vide*, a propósito, Acórdão STJ, de 12 de julho de 2011 (Gabriel Catarino), in *www.dgsi.pt*, Luís Manuel Teles de Menezes Leitão, *Direito da Insolvência*, *op. cit.*, p. 228 e João Labareda e Luís A. Carvalho Fernandes, anotação ao artigo 120.º, *Código da insolvência e da recuperação de empresas anotado*, *op. cit.*, p. 502.

202 Que implicam uma "*restrição retroativa dos poderes de disposição do falido* [insolvente] *sobre o seu património*", Carlos Alberto da Mota Pinto, "Onerosidade e gratuitidade das garantias e dívidas de terceiro na doutrina da falência e da impugnação pauliana", em Estudos em Homenagem ao Prof. Doutor J.J. Teixeira Ribeiro, Coimbra, Universidade de Coimbra, Boletim da Faculdade de Direito, III, 1983, p. 98.

203 Luís Manuel Teles de Menezes Leitão, *op. cit.*, pp. 234.

cash pooling, merecem a aplicação do regime da resolução incondicional foi já avançada uma resposta, por Paulo Olavo Cunha204. No entender deste A., aqueles empréstimos devem submeter-se ao regime do reembolso de suprimentos efetuado no ano anterior ao início do processo de insolvência, nos termos do artigo 121.º, n.º 1, al. i) CIRE. Como o vemos, estariam abrangidos pela resolução incondicional os fluxos ascendentes (*upstream*) que correspondam à satisfação (reembolso) dos empréstimos (fluxos *downstream*) previamente concedidos pela *pooler*[205].

Em nosso ver, contudo, e num quadro de uma *absoluta taxatividade*[206] dos atos sobre os quais possam ser submetidos à resolução incondicional, não vemos como poderemos chegar a essa conclusão. Como vimos, entendemos que os suprimentos serão concedidos ao abrigo de um contrato típico e nominado, cujas

[204] Paulo Olavo Cunha, "Os empréstimos intragrupo...", *op. cit.*, p. 360.

[205] No mesmo sentido, parecem também ir Nuno Oliveira Garcia e Andreia Gabriel Pereira, in Justus Jansen (Coordenação), *International Cash Pooling*, European Law Publishers, 2011, p. 271.

[206] Quanto à questão de saber se o legislador, no artigo 121.º CIRE trata de incluir um *numerus apertus* ou um *numerus clausus* destes atos submetidos necessariamente à resolução em benefício da massa, *vide*, Luís Manuel Teles de Menezes Leitão, *Direito da Insolvência, op. cit.*, 230 e João Labareda e Luís A. Carvalho Fernandes, anotação ao artigo 121.º, *Código da insolvência e da recuperação de empresas anotado, op. cit.*, p. 505 classificando a enumeração dos mesmos como "absolutamente taxativa". Assim também o Acórdão do STJ n.º 15/2014 (José Abrantes), in: *www.dgsi.pt*.

particulares características (desde logo, a permanência, nos termos do n.º 1 do artigo 243.º CSC) assumem uma função de *capital quase próprio* no património da insolvente. Como tivemos oportunidade de ver, também, o nosso objeto de estudo contempla um instrumento de financiamento através de dívida, o qual não pode ser reconduzido, necessariamente, àquela forma de financiamento, pelo que entendemos que à partida o regime consagrado na al. i) do n.º 1 do artigo 121.º CIRE[207] não deverá aplicar-se, sem prejuízo da verificação de outras causas de resolução incondicional. Sem prejuízo, e como adiante veremos em sede da análise do mecanismo da resolução condicional, a circunstância da existência de uma relação de grupo (e logo, da prática de atribuições patrimoniais entre pessoas especialmente relacionadas) logo levará a letra da lei a presumir (relativamente, e nos termos do n.º 4 do artigo 120.º CIRE) os beneficiários desses atos como terceiros de má fé, de que depende a resolução condicional, abrindo o caminho para a resolução dos mesmos, mas por uma via alternativa à sugerida pelo A., desde que praticados em período suspeito.

Encontrar-se-ão, naturalmente e por outro lado, sujeitos à resolução incondicional os reembolsos (movimentações *upstream*) de *downstream loans* em que

[207] Diferente seria, por exemplo, a solução no ordenamento jurídico alemão, cujos § § 39 (5) e 135 InsO submetem os créditos decorrentes de empréstimos de sócios à respetiva subordinação e o seu reembolso efetuado dentro de um ano antes do início do processo de insolvência à *anfechtung*.

se verifique, nomeadamente, a sua gratuitidade (nos termos da al. b), do n.º 1 do artigo 121.º CIRE)[208] ou em que se verifique que as obrigações da subordinada excedam manifestamente as da *pooler* (nos termos da al. h), do n.º 1 do artigo 121.º CIRE), o que bem pode suceder na economia do contrato. Trata-se em todo o caso, e como o entendemos, de um risco próprio do contrato em questão a fragilização da posição da *pooler* em caso de insolvência de uma das participantes[209].

Podem encontrar-se sujeitas ao regime da resolução incondicional, também, as garantias prestadas no âmbito do *pooling*, sendo de efetuar-se uma distinção entre aquelas garantias cuja insolvente seja devedora daquelas cuja insolvente as tenha prestado a terceiro.

Entendemos que naqueles casos em que o devedor preste garantias para seu próprio benefício (pense-se, desde logo, a situação de a *pooler* prestar garantias com vista à obtenção de financiamento para posterior empréstimo às subordinadas), as mesmas encontrar-se-ão sujeitas aos regimes previstos nas als. c), d) e e) do n.º 1 do artigo 121.º CIRE, desde que preenchidos os seus pressupostos (onde avulta a prática daqueles atos nos períodos deles constantes, de seis meses, ou nos 60 dias anteriores ao início do processo de insol-

[208] Na medida em que os empréstimos tenham sido realizados sem contrapartida que não seja a devolução do financiamento, conforme Paulo Olavo Cunha, "Os empréstimos intragrupo...", *op. cit.*, p. 360.

[209] Assim também Mónica Fuentes Naharro, *op. cit.*, p. 256, que acrescenta, com independência de qualquer elemento de fraude ou abuso.

vência). Fora essas situações, em princípio, os atos apenas poderão ser resolvidos nos termos gerais.

Relativamente à prestação de garantias reais a terceiros, a questão de saber se as mesmas devem encontrar-se sujeitas à resolução incondicional passará por compreender se as mesmas foram concedidas a título gratuito ou oneroso, logo se aplicando distintamente os regimes das alíneas b) ou c), d) e e) do n.º 1 do artigo 121.º CIRE.

Entendemos que se estivermos perante situação em que a sociedade dominante proceda à prestação de garantias *downstream* a favor de subordinada, e que seja esta insolvente, os correspondentes atos possam ser resolvidos em benefício da massa insolvente nos termos previstos nas alíneas c), d) ou e) do n.º 1 do artigo 121.º CIRE. Assim o será pois admitimos que teríamos em vista a prática de um ato oneroso. Ora, e ainda que a concessão de garantias *downstream* não seja acompanhada de contraprestação, genericamente se admite que à sociedade dominante (como a *pooler*, geralmente) assistirá um evidente interesse em efetuar uma atribuição patrimonial (ainda que indireta) à devedora subordinada pela concessão da garantia. Esse interesse pode, por hipótese, justificar-se com a expectativa de, no futuro, aquela beneficiar da posição financeira da dominada, desde logo através da valorização das suas participações sociais[210].

[210] Seguindo Miguel Pestana de Vasconcelos, "A resolução das garantias constituídas antes início do processo de insolvência", III Congresso de Direito Bancário, Coimbra, Almedina, 2018, p. 74.

Por outro lado, quando sejam prestadas garantias *upstream* (mas também *sidestream*), entendemos que a questão de saber se as mesmas se deverão subsumir ao regime das garantias prestadas gratuita ou onerosamente deverá encontrar-se subordinada ao apuramento do interesse da dominada na prestação de garantias à dominante.

Essa ilação não poderá, naturalmente, ser extraída imediatamente na medida que inexista uma contraprestação direta da *pooler* à subordinada pela garantia prestada (desde logo, uma remuneração). Nessa medida, admitimos que devemos analisar a situação na ótica do credor garantido, ou seja da instituição de crédito, para quem, o "nexo económico ou teleológico" entre os negócios celebrados (i.e., a prestação da garantia pela subordinada e a concessão de crédito à *pooler*, terceiro) determinaria uma atribuição patrimonial indireta, e logo a onerosidade da relação[211] pelo facto de, e ainda que a concessão da garantia da subordinada à *pooler* não seja remunerada, não é impossível conjeturar a existência de um nexo económico na prestação da garantia: com aquele ato, por hipótese, se poderá garantir o acesso da subordinada ao sistema de *cash pooling* e das vantagens que lhe são inerentes.

Neste sentido, e nos termos previstos nas als. c), d) ou e) do n.º 1 do artigo 121.º CIRE, encontrar-se-iam sujeitas à resolução incondicional as garantias

[211] MIGUEL PESTANA DE VASCONCELOS, "A resolução das garantias constituídas antes início do processo de insolvência", *op. cit.*, pp. 72 e 73.

prestadas por subordinada em benefício da *pooler* nos seis meses ou 60 dias, respetivamente, à data do início do processo de insolvência e não do regime mais gravoso, previsto na al. b) daquele n.º e artigo, cuja impugnabilidade seria alargada aos dois anos anteriores ao início do processo de insolvência[212].

4.3.2. O mecanismo da resolução condicional

Sem prejuízo da prática de atos a cuja prática se reconduza à resolução automática prevista no artigo 121.º CIRE, a resolubilidade dos atos genericamente considerados no âmbito do *pool* que sejam prejudiciais à massa insolvente praticados nos dois anos anteriores à data do início do processo de insolvência não ficará prejudicada porquanto se possa aplicar o mecanismo previsto no artigo 120.º CIRE. Para tanto, e como ensina a doutrina[213], deve demonstrar-se o preenchimento dos seguintes requisitos gerais da resolução:

[212] A solução entende-se porquanto a prestação de garantias no âmbito dos grupos de sociedades é extremamente comum. A solução de sujeitar-se o regime da gratuitidade podia correr o risco de a prestação das mesmas não ser aceite pelos beneficiários. Assim, Miguel Pestana de Vasconcelos, "A resolução das garantias constituídas antes início do processo de insolvência", *op. cit.*, 75.

[213] *Vide* Miguel Pestana de Vasconcelos, "A resolução das garantias constituídas antes início do processo de insolvência", *op. cit.*, pp. 87 e ss. e Luís Manuel Teles de Menezes Leitão, *op. cit.*, pp. 227 e ss..

a. A realização pelo devedor de determinado ato e que este seja prejudicial à massa insolvente;
b. A verificação desse ato nos dois anos anteriores à data do início do processo de insolvência; e a
c. Existência de má fé de terceiro.

Consideram-se como prejudiciais à massa aqueles atos que diminuem, frustrem, dificultem, ponham em perigo ou retardem a satisfação dos credores da insolvência nos termos do n.º 2 do artigo 120.º CIRE.

A este respeito, a lei presume que são prejudiciais à massa, e "ainda que praticados ou omitidos fora dos prazos aí contemplados" os atos referidos no artigo 121.º mas sempre dentro do prazo de dois anos, sem admissão de prova em contrário, nos termos do artigo 120.º, n.º 3 CIRE[214]. Compreende-se, assim, que quanto àqueles atos que admitimos a resolução incondicional no contexto do *cash pooling* (ou seja, a prestação de garantias e a concessão de empréstimos intragrupo) a sua prática nos dois anos anteriores à data do início do processo de insolvência sempre se presumirá, e de forma inilidível, a sua prejudicialidade em relação à massa.

Adicionalmente, e nos termos do n.º 4 do artigo 120.º CIRE, a resolução depende (ou "pressupõe")

[214] Miguel Pestana de Vasconcelos, "A resolução das garantias constituídas antes início do processo de insolvência", *op. cit.*, p. 87.

a má fé de terceiro a quem fora atribuída ("de que tenha aproveitado") prestação que diminui as garantias de cumprimento da insolvente. A este respeito, o legislador presume a má fé de terceiro que se encontre numa relação especial com o devedor insolvente, pelo que daqui se retira se encontrarem fragilizadas as posições dos participantes do *pooling* em resultado da declaração de insolvência[215].

Atento o facto de o n.º 4 do artigo 120.º CIRE presumir (agora, *iuris tantum*[216]) a existência de má fé de terceiro pessoa especialmente relacionada com o devedor[217], a existência daquelas atribuições patrimoniais que, sem dúvida, pelo menos, diminuem, a probabilidade de satisfação dos credores da insolvência (nos termos do n.º 2 do artigo 120.º CIRE) conjugada com a sua prática nos dois anos anteriores à data do início do processo de insolvência (n.º 1 do artigo 120.º CIRE), poderá abrir a possibilidade a que as mesmas possam ser resolvidas pelo administrador de insolvência em benefício da massa insolvente.

215 A solução será semelhante noutros ordenamentos jurídicos que nos são próximos, com leves discrepâncias. *Vide*, a propósito, Mónica Fuentes Naharro, *op. cit.*, p. 252.

216 João Labareda e Luís A. Carvalho Fernandes, anotação ao artigo 120.º, *Código da insolvência e da recuperação de empresas anotado*, *op. cit.*, p. 502.

217 Cujo apuramento deve subsumir-se ao já analisado artigo 49.º CIRE. Assim também, João Labareda e Luís A. Carvalho Fernandes, anotação ao artigo 120.º, *Código da insolvência e da recuperação de empresas anotado*, *op. cit.*, p. 502 e

Encontrar-se-á, por isso, quem queira aproveitar-se do ato (i.e., o beneficiário da prestação, *maxime* a *pooler*) onerado com a prova do desconhecimento, nos termos do n.º 5 do artigo 120.º CIRE, ora de que a devedora se encontrava em situação de insolvência, ora do caráter prejudicial do ato (conjugado com o desconhecimento da situação de insolvência), ora com o início do processo de insolvência. Como se depreende, a circunstância da existência de um grupo jurídico de sociedades, e logo de pessoas especialmente relacionadas, fragilizará a posição de prova do beneficiário dos atos que ora se colocam em crise, na medida em que a circunstância da existência da empresa plurissocietária dificilmente impeça o conhecimento daqueles factos. Por conseguinte, a prova da inexistência de má fé de terceiro (e vistas especialmente as condições sobre que a prova do seu contrário é admitida, nos termos do n.º 5 do artigo 120.º CIRE) pode tornar-se especialmente dificultada.

Por essa razão, e seguindo MÓNICA FUENTES, podiam pensar-se que, em virtude da existência da relação de grupo existente entre os membros do *pool*, seriam presumidos como prejudiciais à massa todos os fluxos ascendentes (*upstream*) que correspondam à satisfação de empréstimos (prévios fluxos *downstream*) efetuados naquele período de suspeição[218]. Como vimos anteriormente, ainda que não enten-

[218] MÓNICA FUENTES NAHARRO, *op. cit.*, p. 256.

damos que estes atos sejam, em si, automaticamente resolúveis nos termos do artigo 121.º CIRE, a sua destruição poderá ser alcançada através do regime previsto no artigo 120.º.

Contudo, e acompanhando uma vez mais MÓNICA FUENTES[219], e tomando como pressuposto a existência de um *cash pooling* cuja administração se possa considerar "ordeira", existem fundamentos que assistem às participantes (*maxime* a pooler) por forma a "justificar" perante o administrador da insolvência a insusceptibilidade daqueles atos se considerarem prejudiciais à massa. É que, e à luz da teoria das vantagens compensatórias, cremos que assistirá razão na arguição que as operações financeiras executadas ao abrigo do contrato, consistindo na compensação periódica de créditos e débitos da totalidade da liquidez das participantes ao abrigo de uma política financeira integrada de um grupo de sociedades, possam não ter como objeto mediato a fragilização do património da insolvente e que, pela sua integração naquele sistema possam ser vistas como um mecanismo de acesso privilegiado ao crédito, compreendendo-se assim a eventual "despatrimonialização" que acima falávamos.

Sem prejuízo, a identificação de atos cuja prejudicialidade à massa se concretize neste âmbito não é inimaginável. Imaginam-se, a este respeito, casos da cobrança excessiva de juros (que, como vimos,

[219] MÓNICA FUENTES NAHARRO, *op. cit.*, p. 257.

pode servir mesmo o fito de transferência de lucros ou reservas de forma simulada) ou da confusão de patrimónios entre as participantes, cuja prática configurariam pressupostos "patológicos"[220] do *pooling*.

[220] Nas palavras de MÓNICA FUENTES NAHARRO, *op. cit.*, p. 258.

5. Conclusões

Na determinação da sua política financeira, os grupos de sociedades têm à sua disposição vários mecanismos que, visando a centralização da sua tesouraria, oferecem amplas vantagens na simplificação da gestão corrente do seu património e do ponto de vista da obtenção do crédito externo, ou de dívida. Dentro dos vários sistemas de gestão centralizada de tesouraria, ou *cash-management*, o *cash pooling*, e em especial *zero balancing*, revela hoje uma ampla utilização, especialmente em contexto internacional.

Procurámos, numa primeira fase do nosso estudo, expor e qualificar o instrumento jurígeno daquela figura, que reconduzimos ao contrato-quadro, procedendo, por conseguinte, à identificação, enquanto contrato atípico, dos seus elementos caracterizadores. Numa segunda parte do nosso trabalho, a nossa atenção centrou-se em torno da reflexão das questões às quais a doutrina privatística se tem atido com maior atenção neste domínio.

Com o detalhe permitido, e sempre sabendo que o Direito dos Grupos está como que "condenado"[221] a convocar a atenção dos mais variados *setores* do Direito, visitámos os problemas que se colocam à formação e execução do contrato, onde nos dedicamos com especial atenção à disciplina do poder de direção da sociedade dominante (numa dupla vertente dos grupos de direito e de facto), à disciplina da manutenção do capital social e da concessão de garantias intragrupo. No último ponto, enquadramos como, e de que forma, deviam os fluxos que se executam ao abrigo do contrato de *cash pooling* ser enquadrados de uma perspetiva insolvencial.

Como referimos em ponto prévio, o contrato de *cash pooling* revela-se um instrumento útil à gestão consolidada do património da empresa plurissocietária. Entendemos também que a sua compreensão permite compreender melhor a dinâmica e o funcionamento das finanças societárias, disciplina com a qual o direito, ora introduzindo limitações à sua prática ou reduzindo tutela dos seus intervenientes (como vimos, desde logo, na disciplina insolvencial) ora dinamizando e possibilitando a sua promoção (veja-se, desde logo, as prerrogativas abertas pelo exercício da *direção económica unitária*) deve interceder em função da regulação ótima, ou o seu ponto mais próximo, do mercado.

[221] José A. Engrácia Antunes, *Os Grupos ...*, *op. cit.*, p. 260.

BIBLIOGRAFIA

ABREU, JORGE MANUEL COUTINHO DE (COORDENAÇÃO), *Código das Sociedades Comerciais em Comentário*, Volume VII, Coimbra, Almedina, 2014

ABREU, JORGE MANUEL COUTINHO DE, *Curso de Direito Comercial*, Volume I., 11.ª Edição, Coimbra, Almedina, 2018

ABREU, JORGE MANUEL COUTINHO DE, *Curso de Direito Comercial*, Volume II., 6.ª Edição, Coimbra, Almedina, 2019

ALBUQUERQUE, PEDRO DE, "A vinculação das sociedades comerciais por garantia de dívidas de terceiro", Revista da Ordem dos Advogados, ano 55, II, p. 689

ALBUQUERQUE, PEDRO DE, *A assistência financeira nas sociedades comerciais*, Coimbra, Almedina, 2019

ALMEIDA, JOANA FREIRE, "Capital Social e Suprimentos: seu conteúdo, função e papel na cobertura de prejuízos", Revista de Direito das Sociedades, Número 3/4, Ano VII (2015), p. 835

ANTUNES, JOSÉ A. ENGRÁCIA, "The Management and Supervision of Corporate Groups", em Festschrift für Theodor Baums zum siebzigsten Geburtstag, Mohr Siebeck, 2017

ANTUNES, JOSÉ A. ENGRÁCIA, *Direito dos Contratos Comerciais*, Coimbra, Almedina, 2009

ANTUNES, JOSÉ A. ENGRÁCIA, *Os Grupos de Sociedades, Estrutura e organização jurídica da empresa plurissocietária*, 2.ª edição, Revista e atualizada, Coimbra, Almedina, 2002

ANTUNES, JOSÉ ENGRÁCIA, *Direito da Contabilidade – Uma introdução*, Coimbra, Almedina, 2018

BREALEY, RICHARD A., MYERS, STEWART C., ALLEN, FRANKLIN., *Principles of corporate finance*, New York, McGraw-Hill Irwin. 10.ª edição, 2011

CÂMARA, PAULO "O Governo dos Grupos Bancários", in Estudos de Direito Bancário, Faculdade de Direito da Universidade de Lisboa, Coimbra, Coimbra Editora, 1999

CÂMARA, PAULO, *Manual de Direito dos Valores Mobiliários*, Coimbra, Almedina, 4.ª edição, 2018

CARLOS, MARIA AMÉLIA BARRADAS, "O factor fiscal e a escolha do modelo de financiamento das sociedades", Revista de Direito das Sociedades, Número 1/2, Ano II (2010) (in: *http://www.revistadedireitodassociedades.pt/artigos/a-representacao-irregular-do-socio--na-assembleia-geral_2*), p. 103

CASTRO, CARLOS OSÓRIO DE, "Da prestação de garantias por sociedades a dividas de outras entidades", Revista da Ordem dos Advogados, ano 56, 1996, p. 69

CASTRO, PEDRO VIEIRA DE, "Garantias intragrupo", Revista de Direito das Sociedades, Números 1-2, 2013, p. 304, (in: *http://www.revistadedireitodassociedades.pt/files/RDS%202013-01e02%20(303-337)%20-%20Doutrina%20-%20Pedro%20Vieira%20de%20Castro%20-%20Garantias%20intragrupo.pdf.*), p. 303

COLANGELO, ANTONIO, "The statistical classification of cash pooling activities", No. 16., ECB Statistics Paper, 2016 (in: https://www.ecb.europa.eu/pub/pdf/scpsps/ecbsp16.en.pdf)

COLOMBI, SIMONA, *La holding e il gruppo di imprese*, Maggioli Editore, 3.ª edição, 2008

CORDEIRO, ANTÓNIO MENEZES (COORDENAÇÃO), *Código das Sociedades Comerciais Anotado*, 3.ª edição, Coimbra, Almedina, 2020

CORDEIRO, ANTÓNIO MENEZES, "A responsabilidade da sociedade com domínio total (501.°/1, do CSC) e o seu âmbito", in Revista de Direito das Sociedades, III (2011), Número 1, p. 83

CORDEIRO, ANTÓNIO MENEZES, *Direito Bancário*, 6.ª edição, Coimbra, Almedina, 2016

CORDEIRO, ANTÓNIO MENEZES, *Direito Comercial*, 4.ª edição, Coimbra, Almedina, 2019

CORDEIRO, ANTÓNIO MENEZES, *Direito das Sociedades Comerciais*, Volume II, Coimbra, Almedina, 2007

CORDEIRO, ANTÓNIO MENEZES, *Direito das Sociedades*, Volume I, Coimbra, Almedina, 4.ª edição, 2020

CORDEIRO, ANTÓNIO MENEZES, *O levantamento da personalidade colectiva no direito civil e comercial*, Coimbra, Almedina, 2000

COSTA, MÁRIO JÚLIO DE ALMEIDA, *Direito das Obrigações*, Coimbra, Almedina, 12.ª edição, 2018

CUNHA, PAULO OLAVO, "Os empréstimos intragrupo no contexto da insolvência; em especial o *cash pooling*", III Congresso de Direito da Insolvência, Coimbra, Almedina, 2015, p. 345

CUNHA, PAULO OLAVO, *Direito das Sociedades Comerciais*, 7.ª edição, Coimbra, Almedina, 2019

DOMINGUES, PAULO DE TARSO, "Proibição de "assistência financeira" no contexto dos mecanismos de proteção de credores", in AB Instantia, 2013, Volume I, n.º 2

DOMINGUES, PAULO DE TARSO, *O financiamento societário pelos sócios (e o seu reverso)*, Coimbra, Almedina, 2021

DOMINGUES, PAULO DE TARSO, *Variações Sobre o Capital Social*, Coimbra, Almedina, 2013

FERNANDES, LUÍS A. CARVALHO e LABAREDA, JOÃO, *Código da insolvência e da recuperação de empresas anotado*, Lisboa, Quid Juris, 2015, 3.ª edição

FERNANDES, LUÍS A. CARVALHO, *Teoria Geral do Direito Civil, Volume I, Introdução, Pressupostos da Relação Jurídica*, 6.ª edição, Lisboa, Universidade Católica Portuguesa, 2012

FERNANDÉZ, LUÍS GÁNDARA DE LA e SÁNCHEZ, MANUEL ÁLVAREZ Mª (COORDENAÇÃO), *Comentários a la Ley Concursal*, Madrid/Barcelona: Marcial Pons, 2004

FUENTES, MONICA NAHARRO, "El Contrato de «*Cash Pooling*»", *Revista de Derecho Mercantil*, n.º 291, 2014, p. 233

GEITHNER, TIMOTHY F., *Stress Test, Reflections on Financial Crises*, London, Penguin Random House, 2014

GOMES, JANUÁRIO DA COSTA, *Contratos Comerciais*, Reimpressão, Coimbra, Almedina, 2013

GOMES, MANUEL JANUÁRIO DA COSTA, "A sociedade com domínio total como garante. Breves notas", in Revista de Direito das Sociedades, I (2009), p. 865

GUIMARÃES, MARIA RAQUEL DE ALMEIDA GRAÇA, *O contrato-quadro no âmbito da utilização de meios de pagamento eletrónico*, Coimbra, Coimbra Editora, 1.ª edição, 2011

HERBERT SCHIMANSKY, HERMANN-JOSEF BUNTE e HANS- JÜRGEN LWOWSKI, *Bankrechts Handbuch*, Volume II, 3.ª edição, Verlag C.H Beck, 2007

HERBST, JOCHEN, "Management Buy-Out, Cash Pooling, Up-Stream Loans and Guarantees in German Group Companies: Old Concepts – New Developments", German Law Journal, Volume 05, No. 10, 2004, p. 1217

JANSEN, JUSTUS (Coordenação), *International Cash Pooling*, European Law Publishers, 2011

LEITÃO, LUÍS MANUEL TELES DE MENEZES, *Código da Insolvência e da Recuperação de Empresas – Anotado*, Coimbra, Almedina, 11.ª edição, 2021

LEITÃO, LUÍS MANUEL TELES DE MENEZES, *Direito da Insolvência*, Coimbra, Almedina, 10.ª edição, 2021

LEITÃO, LUÍS MANUEL TELES DE MENEZES, *Direito das Obrigações, Volume I, Introdução, da constituição das obrigações*, 15.ª edição, Coimbra, Almedina, 2018

LUCA, RUGGERI, "Brevi note circa il cash pooling", La nuova giurisprudenza civile commentata, Padova, p. 206

MACHADO, JOÃO BAPTISTA, *Introdução ao Direito e ao discurso legitimador*, 13.ª reimpressão, Coimbra, Almedina, 2002

MARIA, EDENETH MÁRCIA DO NASCIMENTO PEDRO, *Financiamento de grupo de sociedades à luz da realidade jurídica angolana – o contrato de cash pooling*, Dissertação de Mestrado, Faculdade de Direito da Universidade de Lisboa, 2018

OLIVEIRA, ANA PERESTRELO DE, *Manual de Corporate Finance*, Coimbra, Almedina, 2015

OLIVEIRA, ANA PERESTRELO DE, *Manual de Grupos de Sociedades*, Coimbra, Almedina, 2017

PENTZ, ANDREAS, e SOLLANEK, ACHIM, *Cash-Pooling im Konzern. Ökonomische und juristische Hinweise für die Praxis*, 2005

PINTO, ALEXANDRE MOTA, *Do Contrato de Suprimento – O Financiamento da Sociedade entre Capital Próprio e Capital Alheio*, Coimbra, Almedina, 2002

PINTO, CARLOS ALBERTO DA MOTA, "Onerosidade e gratuitidade das garantias e dívidas de terceiro na doutrina da falência e da impugnação pauliana", em Estudos em Homenagem ao Prof. Doutor J.J. Teixeira Ribeiro, Coimbra, Universidade de Coimbra, Boletim da Faculdade de Direito, III, 1983, p. 93

PINTO, CARLOS ALBERTO DA MOTA, *Teoria Geral do Direito Civil*, Coimbra, Coimbra Editora, 4.ª edição, 2.ª Reimpressão, 2012, por ANTÓNIO PINTO MONTEIRO e PAULO MOTA PINTO

REBOUTA, JOSÉ FERNANDO ABREU, *Contextualização fiscal da gestão centralizada de tesouraria (cash pooling) em ambiente internacional*, 2005, II Pós-Graduação em Direito Fiscal, FDUP (in: *https://www.cije.up.pt/download-file/129*)

RIBEIRO, MARIA DE FÁTIMA, "Insolvência, pessoas especialmente relacionadas, resolução em benefício da massa insolvente e subordinação de créditos", in IV Congresso Direito das Sociedades em Revista, Coimbra, Almedina, 2016, p. 83

SERRA, CATARINA, "O Processo Extraordinário de Viabilização de Empresas (PEVE) e outras medidas da Lei n. º75/2020", Revista de Direito Comercial, 2020 (in: *https://www.revistadedireitocomercial.com/o-processo-extraordinario-de-viabilizacao-de-empresas-peve-e-outras-medidas-da-lei-n-75/2020*), p. 2019

SILVA, MARIANA DUARTE, "Assistência financeira – no âmbito das sociedades", in Revista de Direito das Sociedades, II (2010), p. 145

SOUSA, MIGUEL TEIXEIRA DE, "O que realmente se estabelece no artigo 6.º, n.º 3, CSC", in Revista de Direito das Sociedades, Ano XI (2019), Número 1, p. 251

SOUSA, SIMÃO MENDES DE, "O contrato de cash-pooling e a business judgment rule", in Revista de Direito Civil, 2019 (2), p. 377

VARELA, JOÃO DE MATOS ANTUNES, *Das Obrigações em Geral*, Volume I, Coimbra, Almedina, 10.ª edição, 2000

VASCONCELOS, L. MIGUEL D. P. PESTANA DE, *A cessão de créditos em garantia e a insolvência, em particular da posição do cessionário na insolvência do cedente*, Coimbra, Coimbra Editora, 2007

VASCONCELOS, L. MIGUEL PESTANA DE, *Direito Bancário*, 3.ª edição, Coimbra, Almedina, 2021

VASCONCELOS, L. MIGUEL PESTANA DE, *Direito das Garantias*, 3.ª edição, Coimbra, Almedina, 2020

VASCONCELOS, MIGUEL PESTANA DE, "A resolução das garantias constituídas antes início do processo de insolvência", III Congresso de Direito Bancário, Coimbra, Almedina, 2018, p. 63

VASCONCELOS, MIGUEL PESTANA DE, "O novo processo extraordinário de viabilização de empresas (PEVE). Análise e proposta de reforma.", Revista de Direito Comercial, 2020 (in: *https://www.revistadedireitocomercial.com/o-novo-processo-extraordinario-de-viabilizacao-de-empresas-peve-analise-e-proposta-de-reforma*), p. 2015

VASCONCELOS, MIGUEL PESTANA DE, "Taxas negativas sobre saldos de contas de depósitos bancários e comissões", Revista de Direito Comercial, 2020 (in: *https://www.revistadedireitocomercial.com/taxas-negativas-sobre-saldos-de-contas-de-depositos-bancarios-e-comissoes*), p. 165

VASCONCELOS, PEDRO PAIS DE, *Contratos Atípicos*, Coimbra, Almedina, 1995

VENTURA, RAÚL, "Objeto da sociedade e actos ultra vires", Revista da Ordem dos Advogados, Ano 1980, Vol. I, Jan.-Abr. 1980

VENTURA, RAÚL, *Novos estudos sobre sociedades anónimas e sociedades em nome coletivo*, Coimbra, Almedina, 1994

VENTURA, RAÚL, *Sociedades por Quotas*, Volume II, Coimbra, Almedina, 1989

VETTER, JOCHEN e SCHWANDTNER, CHRISTIAN, "Cash Pooling Under the Revised German Private Limited Companies Act (GmbH)", German Law Journal, GmbH – Special Issue, Volume 09, No. 09, 2008 (in: *https://www.cambridge.org/core/services/aop-cambridge-core/content/view/2F85B0CC998EFF002BEB98CB0888C0F0/S2071832200000377a.pdf/cash_pooling_under_the_revised_german_private_limited_companies_act_gmbhg.pdf*), p. 1155

Jurisprudência citada

Acórdão do CAAD, de 24 de dezembro de 2012 (Jorge Lopes de Sousa), in *www.caad.org.pt*

Acórdão do CAAD, de 30 de janeiro de 2014 (Luís Menezes Leitão), in: *www.caad.org.pt*

Acórdão do STJ n.º 15/2014 (José Abrantes), in: *www.dgsi.pt*

Acórdão do STJ, de 31 de maio de 2005 (Fernandes Magalhães), in *www.dgsi.pt*

Acórdão do STJ, de 4 de abril de 2017 (Fonseca Ramos), in: *www.dgsi.pt*

Acórdão do Tribunal da Relação de Évora, de 1 de março de 1974, *apud* Antunes, José A. Engrácia, *Direito dos Contratos Comerciais*, Coimbra, Almedina, 2009, p. 370

Acórdão do Tribunal da Relação de Évora, de 16 de fevereiro de 2012 (João Gonçalves Marques), in *www.dgsi.pt*

Acórdão STJ, de 12 de julho de 2011 (Gabriel Catarino), in *www.dgsi.pt*